T0194524

Gerechter Frieden

Reihe herausgegeben von
I.-J. Werkner, Heidelberg, Deutschland
S. Jäger, Heidelberg, Deutschland

„Si vis pacem para pacem" (Wenn du den Frieden willst, bereite den Frieden vor.) – unter dieser Maxime steht das Leitbild des gerechten Friedens, das in Deutschland, aber auch in großen Teilen der ökumenischen Bewegung weltweit als friedensethischer Konsens gelten kann. Damit verbunden ist ein Perspektivenwechsel: Nicht mehr der Krieg, sondern der Frieden steht im Fokus des neuen Konzeptes. Dennoch bleibt die Frage nach der Anwendung von Waffengewalt auch für den gerechten Frieden virulent, gilt diese nach wie vor als Ultima Ratio. Das Paradigma des gerechten Friedens einschließlich der rechtserhaltenden Gewalt steht auch im Mittelpunkt der Friedensdenkschrift der Evangelischen Kirche in Deutschland (EKD) von 2007. Seitdem hat sich die politische Weltlage erheblich verändert; es stellen sich neue friedens- und sicherheitspolitische Anforderungen. Zudem fordern qualitativ neuartige Entwicklungen wie autonome Waffensysteme im Bereich der Rüstung oder auch der Cyberwar als eine neue Form der Kriegsführung die Friedensethik heraus. Damit ergibt sich die Notwendigkeit, Analysen fortzuführen, sie um neue Problemlagen zu erweitern sowie Konkretionen vorzunehmen. Im Rahmen eines dreijährigen Konsultationsprozesses, der vom Rat der EKD und der Evangelischen Friedensarbeit unterstützt und von der Evangelischen Seelsorge in der Bundeswehr gefördert wird, stellen sich vier interdisziplinär zusammengesetzte Arbeitsgruppen dieser Aufgabe. Die Reihe präsentiert die Ergebnisse dieses Prozesses. Sie behandelt Grundsatzfragen (I), Fragen zur Gewalt (II), Frieden und Recht (III) sowie politisch-ethische Herausforderungen (IV).

Weitere Bände in der Reihe http://www.springer.com/series/15668

Sarah Jäger · Jean-Daniel Strub
(Hrsg.)

Gerechter Frieden als politisch-ethisches Leitbild

Grundsatzfragen · Band 2

 Springer VS

Herausgeberin
Sarah Jäger
Forschungsstätte der Evangelischen
Studiengemeinschaft e.V.
Heidelberg, Deutschland

Herausgeber
Jean-Daniel Strub
Zürich, Schweiz

Gerechter Frieden
ISBN 978-3-658-21756-3   ISBN 978-3-658-21757-0   (eBook)
https://doi.org/10.1007/978-3-658-21757-0

Die Deutsche Nationalbibliothek verzeichnet diese Publikation in der Deutschen
Nationalbibliografie; detaillierte bibliografische Daten sind im Internet über
http://dnb.d-nb.de abrufbar.

Verantwortlich im Verlag: Jan Treibel

Gedruckt auf säurefreiem und chlorfrei gebleichtem Papier

Springer VS ist ein Imprint der eingetragenen Gesellschaft Springer Fachmedien
Wiesbaden GmbH und ist ein Teil von Springer Nature
Die Anschrift der Gesellschaft ist: Abraham-Lincoln-Str. 46, 65189 Wiesbaden, Germany

Inhalt

Der gerechte Frieden als politisch-ethisches Leitbild?
Eine Einführung

Sarah Jäger

1 Zum Begriff des Leitbildes

1.1 Das Leitbild im friedensethischen Diskurs

„Selig sind die Friedfertigen, denn sie werden Gottes Kinder heißen" (Mt 5,9). Dieses biblische Wort steht am Anfang des sogenannten Afghanistanpapiers, der Stellungnahme der Kammer für Öffentliche Verantwortung der Evangelischen Kirche in Deutschland (EKD), aus dem Jahr 2013. In dem Zitat aus dem Matthäusevangelium kommt gleichsam der normative Rahmen christlicher Friedensethik zum Ausdruck. In seinem Vorwort zum Afghanistanpapier sprach Nikolaus Schneider mit Blick auf das Ergebnis des Beratungsprozesses der Kammer von einem „differenzierten Konsens" (EKD 2013, S. 8). Die Aufgabe der Stellungnahme war die Klärung der Frage, welche Orientierungskraft dem gerechten Frieden als Leitbild in konkreten politischen Entscheidungssituationen zukommt (vgl. EKD 2013, S. 8). Die Schrift zeichnet sich nun durch verschiedene „argumentative Gabelungen" (EKD 2013, S. 9) aus, die die unterschiedlichen friedensethischen Positionen widerspiegeln. So offen-

© Springer Fachmedien Wiesbaden GmbH, ein Teil von Springer Nature 2018   1
S. Jäger und J.-D. Strub (Hrsg.), *Gerechter Frieden als politisch-ethisches Leitbild*, Gerechter Frieden, https://doi.org/10.1007/978-3-658-21757-0_1

bart diese Kompromisslösung das Spannungsverhältnis zwischen Normativität und empirischer Anwendbarkeit friedensethischer Perspektiven, wie sie auch in der EKD-Friedensdenkschrift von 2007 niedergelegt sind.

Mit dieser Spannung verbindet sich zugleich die Frage nach dem Stellenwert eines Leitbildes in der friedensethischen Debatte, werden mit dem Begriff vor allem ökonomische, verwaltungstechnische oder institutionelle Kontexte assoziiert. Unklar ist die normative Dimension eines Leitbildes. In weiten Teilen der Forschungsliteratur bleibt der Ausdruck des Leitbildes ebenfalls unbestimmt[1], kann er vor allem als Containerbegriff verstanden werden. So findet sich im philosophischen Bereich nur eine Quelle, die das Leitbild näher einordnet:

> „Unter Leitbildern versteht man allgemein a) ein im individuellen Bewußtsein repräsentiertes Vorstellungsgebilde und b) ein unbewußtes kognitives Schema in Form eines komplexen Lebensentwurfs" (Brachfeld 1980, Sp. 224).

Danach ist ein Leitbild in der Lage, zwischen normenvermittelnden Werten und der Erfahrung zu vermitteln. Seine ursprüngliche Bedeutung geht von einer bildhaften Repräsentation aus (Brachfeld 1980, Sp. 224). In der Folge dieser Definition kann es als Maßstab oder Zielvorstellung verstanden werden. Dazu kommt, dass Leitbilder „nicht Sache einzelner Personen", sondern „kollektive, gewöhnlich viele Generationen überspannende Vorstellungen von Gruppen" seien (Dummer et al. 2001, S. 9). Die Formulierung eines solchen Bildes macht Annahmen darüber, „welche idealtypischen Leitbilder in der Gesellschaft vorfindlich sind und welche Werte je

---

1   So bietet selbst der Sammelband „Energie und Ethik. Leitbilder im philosophischen Diskurs" von Heinz-Ulrich Nennen und Georg Hörning keine explizite Begriffsdefinition an.

nach Leitbild wie gewichtet werden dürften, woraus sich (hypothetische) Präferenzen zu(un)gunsten von Szenarien ergeben" (Ott 1999, S. 192). Leitbilder haben zudem eine legitimatorische Funktion: „[S]ie vermitteln zwischen Herrschenden und Beherrschten, sie rechtfertigen politische Gestaltungsprogramme und repräsentieren historisch und ‚ideologisch' zu unterscheidende politische Orientierungen" (Dicke 2001, S. 29). Der Philosoph Werner Stegmaier formuliert in einer ersten Annäherung, dass – im Weiterdenken von Immanuel Kant – Leitbilder als bildliches Leitungsmittel verstanden werden können, „über die Vernunft keine Gewalt hat, sondern von denen sie selbst ‚verborgen' geleitet wird" (Stegmaier 2001, S. 94). Stegmeier fasst mit Platon ein Leitbild als ein Ideal oder eine Vision auf.

> „Wir sehen kaum noch, daß es paradox ist, ein Ziel erreichen zu wollen, von dem man weiß, daß man es nicht erreichen kann. Daß wir dennoch daran festhalten, könnte daran liegen, daß das platonische Leitbild in seiner Paradoxie produktiv wird, nämlich eine Richtung vorgibt, in die man fahren kann, in der man die Dinge geregelt ‚erfahren', sie Schritt für Schritt ordnen kann" (Stegmaier 2001, S. 97).

Stegmaier denkt die Bedeutung des Leitbildes in seinem Konzept von Orientierung weiter. Innerhalb der Orientierung geben nicht Begriffe Halt, sondern Leitbilder. „Sie richten über mehr oder weniger lange Zeiträume hinweg die Orientierung aus, geben mehr oder weniger dauerhafte Anhaltspunkte in unablässigen Umorientierungen" (Stegmaier 2001, S. 110).

1.2   Der Begriff des Leitbildes in kirchlichen Stellungnahmen

Im deutschen Kontext steht das Konzept des gerechten Friedens im Mittelpunkt zweier kirchlicher Stellungnahmen: dem katholischen Hirtenwort aus dem Jahr 2000 und der EKD-Friedensdenkschrift von 2007. Hinzu kommt der ökumenische Aufruf von 2011. Dabei verknüpfen die einzelnen Schriften Leitbild und gerechten Frieden auf unterschiedliche Weisen. Am ausführlichsten und differenziertesten setzt sich das katholische Bischofswort von 2000 mit dem Begriff des Leitbildes auseinander: Der ganze Abschnitt III.1 steht unter der Überschrift „Der gerechte Friede als Leitbild der Kirche". Ein Leitbild wird grundlegend als das bestimmt, „an dem sich das konkrete Entscheiden und Handeln orientieren" (Deutsche Bischofskonferenz 2000, Ziff. 57) solle. Die Schrift führt weiter zur Verortung des Leitbildes in der biblischen Tradition aus:

> „Sie [die Kirche, Anm. der Verf.] entnimmt das Leitbild des gerechten Friedens keinem Weltbild, sie erbt es vielmehr aus der Geschichte des Gottesvolkes und trägt es in sich in Gestalt des Urbildes Christi" (Deutsche Bischofskonferenz 2000, Ziff. 164).

Der friedensethische Auftrag der Kirche wird gezielt darin gesehen, dieses Leitbild des gerechten Friedens in den öffentlichen Raum und in die politische Landschaft hineinzutragen:

> „Wir wollen in diesem Prozess das Leitbild des gerechten Friedens einbringen. Es fasst zusammen, worin sich die biblische Botschaft vom Reich Gottes und die politische Vernunft treffen" (Deutsche Bischofskonferenz 2000, Ziff. 57).

Daran anschließend bestimmt das Bischofswort den kirchlichen Auftrag als Verkündigung des „Evangelium[s] des Friedens" und die

Aufgabe der Politik darin, „für menschenwürdige Verhältnisse zu sorgen" (Deutsche Bischofskonferenz 2000, Ziff. 57). Der gerechte Frieden als Leitbild kann als Zielvorgabe begriffen werden, „an der sich [...] das Friedenshandeln und die politischen Stellungnahmen seitens der Kirche zu orientieren haben" (Strub 2010, S. 65).

Auch die EKD-Friedensdenkschrift spricht an mehreren Stellen vom gerechten Frieden als friedensethischem Leitbild.[2] Inhaltlich wird dieses Leitbild mit den Begriffen der Gerechtigkeit und des Friedens näher spezifiziert. So heißt es beispielsweise im ersten Abschnitt der Denkschrift:

> „Der in der christlichen Ethik unauflösliche Zusammenhang von Frieden und Gerechtigkeit, der sich im Leitbild des ‚gerechten Friedens' begrifflich artikuliert, wurde und wird in vielfältigen Foren diskutiert und politisch formuliert. An diesem Leitbild orientiert sich die Hoffnung auf einen dauerhaften irdischen Frieden" (EKD 2007, Ziff. 1).

Die gesamte Denkschrift nimmt für sich in Anspruch, dieses Leitbild zu entwickeln und zu konkretisieren. Gerade seine nähere Bestimmung wird als eine wesentliche Aufgabe kirchlicher Verantwortung für die Welt gesehen:

> „Dazu gehören der Verkündigungsauftrag ebenso wie Bildung und Erziehung, Schutz und Beratung der Gewissen, Arbeit für Versöhnung und eine Entfaltung des Leitbildes vom gerechten Frieden" (EKD 2007, Ziff. 5).

Auf zwei Weisen wird in der Denkschrift die Frage des Handelns thematisiert: Zum einen spricht die Schrift von dem Einbringen des Leitbildes des gerechten Friedens „in die politische Friedens-

---

2   Insgesamt kommt der Begriff des Leitbildes an zwölf Stellen vor (vgl. Ziff. 1, 5, 6, 7, 73 (2x), 78, 85, 102, 116, 154, 195).

aufgabe" (EKD 2007, Ziff. 78), und zum anderen beschreibt sie das Leitbild recht vage als einen Aspekt des protestantischen Eintretens für Frieden:

> „Das christliche Friedenszeugnis konkretisiert sich in Verkündigung und Gottesdienst, in Bildung und Erziehung, im Eintreten für das Grundrecht der Gewissensfreiheit, für Versöhnung statt Vergeltung und für einen gerechten Frieden als Leitbild einer kooperativen Weltordnung" (EKD 2007, Ziff. 195).

Im ökumenischen Aufruf kommt der Begriff des Leitbildes dagegen gar nicht vor. Dies weist darauf hin, wie umstritten das Konzept des gerechten Friedens als politisch-ethisches Leitbild in ökumenischen Zusammenhängen ist, besonders von Seiten der orthodoxen Kirchen.

1.3   Weitere ethische Kategorien und ihr Verhältnis zum Leitbild

Mit dem Begriff des Leitbildes korrespondieren aber noch andere philosophische und ethische Kategorien, die näher in den Blick zu nehmen sind. Es handelt sich um die Begriffe Norm, Prinzip, Grundsatz, Maxime und Kriterium. Diese werden in der Friedensdenkschrift nicht weiter definiert (das katholische Bischofswort ist an dieser Stelle deutlich reflektierter verfasst). Die EKD-Denkschrift verwendet die genannten Begriffe teilweise synonym oder nicht aufeinander bezogen. So bleibt ihre inhaltliche Füllung unterbelichtet und ihre Verhältnisbestimmung untereinander häufig unklar. Der ethischen und philosophischen Dichte der Begriffe kann die Denkschrift deshalb häufig nicht gerecht werden. Exemplarisch lässt sich dies am Ausdruck der „Norm" aufzeigen.

Eine Norm lässt sich in der Philosophie unterschiedlich bestimmen. Die Praktische Philosophie deutet Norm als einen „Beurteilungsmaßstab für richtiges oder falsches Handeln" (Prechtl 1999, S. 405) oder als eine Handlungsaufforderung:

> „In einem normativen Sinn gelten (a) Gebote, Verbote, Erlaubnisse; (b) Handlungsanweisungen, für die allgemeine Anerkennung gefordert wird; (c) Werte oder Wertstandards (mit allgemeiner Anerkennungsforderung); (d) alle Begriffe, die zum Kriterium für die Beurteilung einer Handlung im Hinblick auf ihre Legalität gemacht werden können" (Prechtl 1999, S. 405).

Über die Handlungsorientierung hinaus denkt die Sozialphilosophie den Begriff, wenn sie damit rechnet, dass die Geltung einer Norm „im Sozialen (beziehungsweise der Idee des Sozialen) selbst begründet ist" (Prechtl 1999, S. 405). Diese verschiedenen Dimensionen werden in der Denkschrift nur unzureichend differenziert. Die Frage der Bindung einer Ethik, der Normen, die ihr zugrunde liegen, oder ihrer Normativität wird zwar an vielen Punkten der Denkschrift thematisiert,[3] jedoch bleibt die genaue Begriffszuschneidung unklar beziehungsweise changiert das Begriffsfeld. Normativität wird vorrangig zur Beschreibung „ethischer Propositionen mit deontischen Kriterien (‚sollen', ‚erlaubt', ‚verboten', ‚geboten')" (Regenbogen und Meyer 2013, S. 459) gebraucht. Für diese Verwendungsweise sei auf folgendes Zitat verwiesen:

> „Die biblische Sicht stützt ein prozessuales Konzept des Friedens. Friede ist kein Zustand (weder der bloßen Abwesenheit von Krieg, noch der Stillstellung aller Konflikte), sondern ein gesellschaftlicher Prozess abnehmender Gewalt und zunehmender Gerechtigkeit –

---

3 Das Begriffsfeld kommt an insgesamt zwanzig Stellen vor (vgl. Ziff. 1, 23, 33, 50, 77, 80, 85, 89, 95, 101, 104, 113, 127, 134 (3x), 135, 138, 145, 190).

letztere jetzt verstanden als politische und soziale Gerechtigkeit,
d. h. als normatives Prinzip gesellschaftlicher Institutionen" (EKD
2007, Ziff. 80).

Eine Norm lässt sich in der Denkschrift als ein allgemeines Prinzip
der Rechtsgeltung beschreiben, wenn beispielsweise von „in der
Charta und in Resolutionen niedergelegten Normen und Pflichten"
(EKD 2007, Ziff. 33) die Rede ist. Gleichzeitig sieht die Denkschrift
auch die Möglichkeit, für internationale Organisationen selbst
Normen zu generieren und vorzuschlagen (EKD 2007, Ziff. 134).
Dabei bleibt jedoch unklar, welchen Stellenwert und welchen
Geltungsbereich diese Normen dann haben.

Ein weiterer Begriff ist der des Prinzips. In der philosophischen Tradition lässt sich ein Prinzip als eher recht allgemeine
Sätze oder „generelle Richtschnur des Handelns" (Regenbogen
und Meyer 2013, S. 523) verstehen. Die Denkschrift gebraucht
den Begriff des Prinzips an elf Stellen: Dieser wird zum ersten
im Zusammenhang mit staatlichen Organisationsweisen etwa
im Sinne eines „demokratische[n] Prinzip parlamentarischer
Kontrolle und Rechenschaftspflichtigkeit" (EKD 2007, Ziff. 168)
verwendet, zum zweiten im Zusammenhang mit dem Rechtssys-
tem, vor allem als rechtsstaatliche Prinzipen, und zum dritten
zur Beschreibung dessen, was Handeln normiert. Gerade in dem
dritten Handlungsbereich scheint sich das Leitbild vom Prinzip
durch seine höhere Flexibilität und nicht-sanktionsgebundene
Anlage zu unterscheiden.

Ein „Grundsatz" wiederum lässt sich philosophisch entweder
als „ein letztes, nicht mehr abgeleitetes und ableitbares Urteil, aus
dem andere abgeleitet werden sollen" oder als eine „Regel für das
Handeln und Verhalten, die entweder subjektive Maxime oder ein
objektiv und allgemeingültiges Gesetz" (Regenbogen und Meyer
2013, S. 205) beschreiben. Ausgehend von der EKD-Denkschrift
lassen sich Grundsätze als nähere Bestimmung des Leitbildes

verstehen. So ist beispielsweise von „friedens- und rechtsethischen Grundsätze[n]" (EKD 2007, Ziff. 108) die Rede, die in der Denkschrift entwickelt werden. Außerdem kann sich der Terminus des Grundsatzes auf international getroffene Vereinbarungen oder Übereinkünfte beziehen. Ein weiterer Verwendungsbereich des Ausdrucks „Grundsätze" liegt im Bereich internationaler Konventionen zur zivilen und unter Umständen auch militärischen Konfliktbearbeitung (EKD 2007, Ziff. 179, 181, 184).

In ähnlicher Weise wie der Begriff des Grundsatzes wird auch jener der Maxime vertreten, allerdings tritt er deutlich seltener auf. Beide Ausdrücke werden in der Denkschrift synonym verwendet. Auch das Wörterbuch der philosophischen Begriffe belegt diese nahe Verwandtschaft und bestimmt eine Maxime als „Hauptvorsatz, Hauptregel, ein Grundsatz für das eigene sittliche Handeln" (Regenbogen und Meyer 2013, S. 403).

Ein Kriterium wird in der Philosophie als „Kennzeichen, [...], Prüfstein der Wahrheit" oder „Unterscheidungsmerkmal" (Regenbogen und Meyer 2013, S. 366) definiert. Der Begriff des Kriteriums wird zumeist in der Denkschrift nicht in direktem Zusammenhang mit dem Leitbild verwendet, sondern bezieht sich eher auf übergeordnete ethische oder völkerrechtliche Zusammenhänge (vgl. u. a. EKD 2007, Vorwort). Nur in der Frage nach (moralischen) Prüfkriterien kommt das Leitbild ins Spiel (EKD 2007, Ziff. 102).

2 Zu diesem Band

Vor dem Hintergrund dieses Befundes soll das Verhältnis von Normativität und empirischer Anwendbarkeit im Fokus der Betrachtung dieses Bandes stehen. Dies beinhaltet verschiedene Facetten, die in der Friedensdenkschrift der EKD unterbestimmt bleiben und weiterer Klärung bedürfen. Hier gilt es insbesondere, dem Begriff des Leitbildes und seiner inhaltlichen Füllung weiter nachzugehen. Im Fokus des Bandes stehen dabei die Leitfragen, was ein Leitbild als ethische Kategorie bedeutet und wie mit der Spannung von normativen Setzungen und konkreten Erfahrungen umgegangen werden kann. Der Band verhandelt diese Thematik aus verschiedenen Perspektiven.

Der erste Beitrag von Christoph Seibert fragt grundlegend nach der Funktion von Ethik und ihrem Verhältnis zur konkreten Politik. Ausgehend von den Konzeptionen Augustins und Immanuel Kants beleuchtet der Autor das Friedenskonzept des gerechten Friedens, das bei der Frage der politischen Umsetzbarkeit die Leitvorstellung „Frieden durch Recht" in den Fokus stellt.

Der zweite Beitrag von Jean-Daniel Strub setzt beim Begriff des Leitbildes selbst an und schärft das Profil der Rede vom gerechten Frieden als Leitbild weiter. Die besondere Herausforderung in der Rede vom gerechten Frieden als politisch-ethischem Leitbild liegt in seinem eigenen Anspruch, handlungsleitende normative Orientierung zu generieren. Sowohl Gerechtigkeit als auch Frieden sind ausgeprägt normative Konzepte und können als solche orientierend wirken. Der Autor betont den prozesshaften Charakter eines Leitbildes und verdeutlicht vor allem, dass das Ideale dem Realen den Weg des Besseren weisen kann.

Dort, wo in friedensethischen Zusammenhängen nach praktischen Möglichkeiten des Handelns gefragt wird, ist es nötig, den Begriff des Leitbildes zu konkretisieren und ihn zu verwandten Begriffen abzugrenzen und einzuordnen. Der dritte Beitrag von Tobias Zeeb unternimmt eine Untersuchung der theologischen Verankerung des Leitbildes und fragt insbesondere nach seinen Möglichkeiten friedensethischer Maximenbildung. Er macht hier Überlegungen Arthur Richs fruchtbar, um so Handlungsoptionen im Rahmen eines friedensethischen Leitbildes ausloten zu können.

Der vierte Beitrag von Christina Schües fragt weiter nach der Zuordnung und dem Verhältnis von Normativität und Empirie sowie nach der Spannung zwischen Theorie und lebensweltlicher Erfahrung im Rahmen eines Leitbildes. Eine empirische Widerlegung des Anspruchs des gerechten Friedens sei nicht möglich. Die normativen Kriterien der Friedensethik könnten aber auf konkrete Probleme aufmerksam machen und Vorschläge für die weitere Friedenspraxis anbieten.

Das Konzept des gerechten Friedens kann – wie oben ausgeführt – als ein friedensethisches Leitbild verstanden werden. Entscheidungen bleiben jedoch in letzter Konsequenz immer an das einzelne Subjekt rückgebunden. Damit verbinden sich Herausforderungen der Verbindlichkeit und konkreten Orientierung. Der fünfte Beitrag von Pascal Delhom nimmt die Rolle des Gewissens im politisch-ethischen Leitbild des gerechten Friedens in den Blick. Er betont hier vor allem die hemmende Rolle des Gewissens, die Suche nach Orientierung und seine korrektive Funktion.

Der abschließende Ausblick dieses Bandes von Jean-Daniel Strub beleuchtet noch einmal die zentralen Argumentationsmuster und Begründungslinien und entfaltet die Thematik anhand der Stichworte Frieden, Ethik und Politik. Hier fragt er vor allem nach den Chancen des Leitbildbegriffes.

Literatur

Brachfeld, Oliver. 1980. Leitbild. In *Historisches Wörterbuch der Philosophie*, Bd. 5, hrsg. von Joachim Ritter und Karlfried Gründer, Sp. 224-228, Basel: Schwabe & Co AG.

Dicke, Klaus. 2001. Der Mensch und die Menschen. Anthropologische Leitbilder in der Politik. In *Leitbilder in der Diskussion*, hrsg. von Jürgen Dummer und Meinolf Vielberg, 11-31. Stuttgart: Steiner.

Die deutschen Bischöfe. 2000. *Gerechter Friede*. Bonn: Sekretariat der Deutschen Bischofskonferenz.

Dummer, Jürgen, Götz Hartmann und Meinolf Vielberg. 2001. Einleitung. In *Leitbilder in der Diskussion*, hrsg. von Jürgen Dummer und Meinolf Vielberg, 7-10. Stuttgart: Steiner.

Evangelische Kirche in Deutschland (EKD). 2007. *Aus Gottes Frieden leben – für gerechten Frieden sorgen. Eine Denkschrift des Rates der Evangelischen Kirche in Deutschland*. Gütersloh: Gütersloher Verlagshaus.

Evangelische Kirche in Deutschland (EKD). 2013. *„Selig sind die Friedfertigen". Der Einsatz in Afghanistan: Aufgaben evangelischer Friedensethik*. Eine Stellungnahme der Kammer für Öffentliche Verantwortung der EKD. Hannover: Kirchenamt der EKD.

Nennen, Heinz-Ulrich und Georg Hörning. 1999. *Energie und Ethik. Leitbilder im philosophischen Diskurs*. Frankfurt a. M.: Campus.

Ökumenischer Rat der Kirchen (ÖRK), Zentralausschuss. 2011. *Ein ökumenischer Aufruf zum gerechten Frieden*. Genf: ÖRK.

Ott, Konrad. 1999. Argumente und Kriterien für eine rationale Wahl zwischen den Szenarien. In *Energie und Ethik. Leitbilder im philosophischen Diskurs*, hrsg. von Heinz-Ulrich Nennen und Georg Hörning, 187-251. Frankfurt a. M.: Campus.

Prechtl, Peter. 1999. Norm. In *Metzler Philosophie Lexikon. Begriffe und Definitionen*, hrsg. von Peter Prechtl und Franz-Peter Burkard, 405. 2. Aufl. Stuttgart: Metzler.

Regenbogen, Arnim und Uwe Meyer (Hrsg.). 2013. *Wörterbuch der philosophischen Begriffe*. Hamburg: Felix Meiner.

Stegmaier, Werner. 2001. Die Funktion von Leitbildern in der Orientierung. Perspektiven der europäischen Philosophie. In *Leitbilder in der Diskussion*, hrsg. von Jürgen Dummer und Meinolf Vielberg, 93-111. Stuttgart: Steiner.

Strub, Jean-Daniel. 2010. *Der gerechte Friede. Spannungsfelder eines friedensethischen Leitbegriffs*. Stuttgart: Kohlhammer.

Politik und gerechter Frieden
Überlegungen aus ethischer Sicht

Christoph Seibert

1   Einleitung

Nach dem Ende des Kalten Krieges, der die Welt an den Rand einer
nuklearen Katastrophe brachte, schien es, als bewegten sich die
Völker auf einen umfassenden Friedenszustand zu. Das Ende des
Wettrüstens zwischen Ost und West, der Zerfall der Sowjetunion
und schließlich der Mauerfall wiesen für viele Zeitgenossen in diese
Richtung. Enthusiastische Stimmen sprachen bereits von einem
„Ende der Geschichte" (Fukuyama 1992), womit der Zustand einer
universalen Durchsetzung der westlichen Prinzipien von Demokratie und Marktwirtschaft gemeint ist. Wie so oft sprechen die
Tatsachen hingegen eine andere Sprache als geschichtsphilosophi-
sche Spekulationen. Weder stellt sich das demokratische Modell als
unangefochten heraus, noch sind militärische Drohgebärden auf
internationaler Ebene verschwunden oder sogar die Realität des
Krieges überwunden. Letztere hat allerdings ihr Gesicht geändert.
Wir reden mittlerweile von neuen Kriegen (Münkler 2002), die
gekennzeichnet sind von einem Zerfall der Staatlichkeit, welche
Hand in Hand mit der Zunahme von privatisierter Gewalt geht.

© Springer Fachmedien Wiesbaden GmbH, ein Teil von Springer Nature 2018   13
S. Jäger und J.-D. Strub (Hrsg.), *Gerechter Frieden als politisch-ethisches
Leitbild*, Gerechter Frieden, https://doi.org/10.1007/978-3-658-21757-0_2

Nicht mehr staatliche Armeen, sondern Söldnerheere oder private
Milizen sind hier die primären Akteure. Hinzu kommen der welt-
weit agierende Terrorismus, Bürgerkriege und ethnische Konflikte,
deren grausame Austragung sich jeder rationalen Logik entzieht.
Diese Entwicklung stellt jedoch nicht nur die These vom „Ende der
Geschichte" infrage, sie konfrontiert auch das System kollektiver
Sicherheit der Vereinten Nationen mit neuen Herausforderungen.
Diese sind vielfältig, große Bedeutung kommt aber dem Umstand
zu, dass die Trägerinstanzen der Sicherheitsgarantien immer mehr
ihre Konturen zu verlieren drohen: Gegründet nach der Katastrophe des Zweiten Weltkrieges, ist es bis heute ein erklärtes Ziel der
Vereinten Nationen, ein globales Zusammenleben ohne Krieg zu
organisieren. Dabei sind handlungsfähige und souveräne Staaten
als Träger des Systems vorausgesetzt. Wenn jedoch die aktuellen Gefährdungslagen mit einer Erosion staatlicher Strukturen
einhergehen, wobei Warlords oder Terrormilizen die entstande-
nen Leerstellen füllen, kommen die bisherigen Instrumente der
Weltorganisation an ihre Grenzen (Wolf 2016, S. 7ff.). Die jüngste
Friedensdenkschrift des Rates der EKD hat diese Situation klar
als neue Art der Friedensgefährdung ausgewiesen und versucht,
ihr ethisch Rechnung zu tragen. Beachtung verdient dabei neben
der Verschränkung von verschiedenen Dimensionen des Friedens
insbesondere der Akzent auf der friedensstiftenden Funktion
rechtserhaltender Gewalt, der sich im Text in die Formel „Gerechter
Friede durch Recht" kleidet. Dabei werden mindestens zwei wichtige
Akzente gesetzt: Insgesamt soll die Idee des gerechten Friedens an
die Stelle der in ethischer Hinsicht orientierenden Funktion der
Lehre vom gerechten Krieg treten, da diese letztlich nicht als eigen-
ständiges ethisches Leitbild fungieren könne (Härle 2010, S. 38 f.).
Sodann macht die soeben genannte Formel darauf aufmerksam,
dass gerechter Friede zwar unter konstitutivem Einschluss des
Rechts gedacht wird, allerdings nicht darauf zu reduzieren ist, da

er noch andere Sinndimensionen einschließt. Eine interessante Frage ist daher, wie diese Mehrdimensionalität (EKD 2007, S. 53) genauer zu verstehen und miteinander zu vermitteln ist.

Im Folgenden werde ich diesem systematischen Kernproblem etwas näher nachgehen, und zwar in einer prinzipienethischen Perspektive. Ausgehend von einer Vorbemerkung zur Funktion von Ethik und ihren Grenzen (2.) geht es zunächst darum, die anthropologischen Bedingungen und die Aufgabe von Politik näher zu erfassen. In diesem Zusammenhang wird schließlich die Friedensidee gewonnen (3.). Diese gilt es in einer historisch ansetzenden und auf Typenbildung abzweckenden Absicht näher zu bestimmen (4.), um schließlich nach ihrem systematischen Ertrag zu fragen (5.).

2   Ethik als Orientierungswissenschaft

Die Aussage, dass Ethik Orientierung stiften soll, klingt banal. Sie tut es deshalb, weil von allen Wissenschaften gleichermaßen erwartet wird, dass sie für ihren Gegenstandsbereich Orientierungswissen generieren. Das ist etwa bei der Medizin und Rechtswissenschaft offenkundig, gilt genauso aber auch für die Mathematik, die Physik oder die Chemie. So gesehen partizipieren die wissenschaftlichen Bemühungen der Ethik an einer Aufgabe, die nicht speziell für sie gilt, sondern die Arbeit von Wissenschaft überhaupt betrifft. Jene Aussage kann aber auch deshalb als trivial erscheinen, da Ethik schon seit ihren antiken Ursprüngen den Ruf genießt, sich in ausgewiesener Weise der Bearbeitung der Orientierungsfrage verschrieben zu haben, nun aber im Speziellen der Frage nach der moralischen Orientierung der Lebensführungspraxis. Sofern diese Frage wiederum ein Bestandteil anderer Wissenschaften ist, lässt sich Ethik als eine Teildisziplin dieser anderen Wissenschaften entwickeln, was zum Konzept der sogenannten Bereichsethiken führt. In diesem Sinn reden wir dann auch von politischer Ethik und in ihrem Rahmen von einer Ethik der rechtserhaltenden Gewalt. Auch dieser Umstand dürfte nicht weiter verwundern. So unstrittig also die Orientierungsaufgabe der Ethik sein mag, weniger eindeutig scheint die Antwort auf die Frage danach zu sein, in welcher Art und Weise jener Aufgabe nachgegangen werden soll. Dabei ist erstens von Bedeutung, dass jede Art der Orientierung, das heißt auch die moralische, mit Unterscheidungen operiert, an denen sie sich ausrichtet. Unter dem Vorzeichen der Moral werden sie herkömmlich als Gegensatzpaare gebildet, etwa „gerecht-ungerecht", „gut-böse", „geboten-verboten", „nützlich-schädlich" oder „tugendhaft-laster-haft". Sie lassen sich aber auch mittels ethischer Komplementärbegriffe bestimmen, wie im Fall der Differenz zwischen dem Begriff des „Guten" und dem Begriff des „Gerechten" oder den Konzepten von „Legalität" und „Moralität". Eine Welt, die jeglicher Differenzen ermangeln würde, böte jedenfalls keine Anhaltspunkte, um sich in ihr überhaupt auch nur ansatzweise zurechtzufinden. Hinzu kommt zweitens, dass jene Unterscheidungen ihrerseits Elemente der Situation sein müssen, in welcher gehandelt wird. Wäre dem nicht so, könnten sie keinen verlässlichen Orientierungsbeitrag erbringen. Die Dinge so zu sehen, konfrontiert allerdings mit einem Problem, welches die Funktion der Ethik in Mitleidenschaft ziehen könnte. Die Frage ist nämlich, ob Ethik als wissenschaftliche Disziplin den Situationsbezug überhaupt in vollem Umfang ausschöpfen kann oder ob sie, wenn sie das zu leisten versucht, nicht zwingend die Stelle derjenigen beansprucht, die in der Situation, um die es geht, eigenverantwortlich zu entscheiden haben. Ich vertrete die Ansicht, dass es der Ethik als einer wissenschaftlichen Disziplin nicht möglich ist, dies zu leisten, ohne das Subjekt der Verantwortung selbst aufzuheben. Ihr Situationsbezug ist somit kein direkter, er ist immer nur im Medium eines empirischen Allgemeinbegriffs wirksam.

Die einzelne Handlung entgeht ihr daher ebenso wie die konkrete Situation; was bleibt, sind vielmehr approximative Annäherungen. Das heißt: Ethik orientiert Praxis niemals unmittelbar, sondern *orientiert das normative Denken über Praxis* zum Zwecke einer Orientierung von Praxis *am Ort* handelnder Verantwortungsträger. Dabei ist der Übergang von der Ebene des Orientierungswissens der Ethik zur Ebene der Orientierungsgewissheit der Handelnden durchaus kontingent, zumindest dann, wenn man das bloße Wissen um das Richtige nicht mit dem Tun des Richtigen identifiziert. In dieser Perspektive gesehen leistet Ethik primär also nicht mehr, aber auch nicht weniger als eine Orientierung des Denkens. Das gilt auch für meine Überlegungen zur politischen Ethik.

3   Orientierungsperspektiven einer politischen Ethik

3.1   Anthropologische Grundkonstellationen

Das politische Denken nimmt seinen Ausgang bei der Erfahrung, dass Menschen in Beziehungen existieren und nur vermöge dieser Beziehungen ihre humanen Potentiale ausschöpfen können. Die politischen Dimensionen dieses Sachverhalts hat Aristoteles in die prägnante Formulierung gebracht, dass der Mensch „von Natur ein staatliches Wesen" (Aristoteles 1995 [vor 347 v. Chr.], S. 4) ist und die höchste Gemeinschaftsform des Staates daher „früher" ist „als die Familie und als der einzelne Mensch" (Aristoteles 1995 [vor 347 v. Chr.], S. 5). Es gehört also konstitutiv zum Menschen hinzu, dass er unter den Bedingungen des Politischen – hier verstanden als Staatlichkeit in einem sehr weiten Sinn – existiert. Die Annahme, der Einzelne bilde die Grundlage der Sozialität, ist dieser Auffassung zufolge ein Phantasiegebilde. Sie wird hingegen von der neuzeitlichen Tradition des Liberalismus favorisiert, die ihren Ausgang daher auch nicht bei der grundlegenden Sozialität des Menschen, sondern bei den Freiheitsansprüchen des Individuums nimmt. Ihr zufolge sind Menschen „von Natur" mit individuellen Freiheitsansprüchen ausgestattet (Locke 1977 [1689], S. 201ff.), deren Zusammentreffen im schlimmsten Fall in einen Krieg aller gegen alle mündet (Hobbes 1998 [1651], S. 94ff.), da keiner seine Ansprüche zurücknehmen möchte und sich daher alle voneinander bedroht fühlen. Es zeigt sich also, dass in der Geschichte des Denkens über das Politische mindestens zwei Modelle miteinander konkurrieren: Zum einen das aristotelische Modell, das den Einzelnen ausgehend von den Gemeinschaftsverhältnissen der Familie und dem weit gefassten Staat zu begreifen sucht; zum anderen ein klassisch liberales Modell, das zwar die Dimension des Sozialen nicht bestreitet, aber den Akzent auf die Einzelnen und ihre Freiheiten legt, mit der Pointe, das Zusammenleben von dieser Prämisse aus zu erfassen. Ungeachtet der Wahrheitsmomente, die beiden Modellen perspektivisch zukommen, leiden beide jedoch unter defizitären Bestimmungen: Während das aristotelische Modell dazu neigt, die Konfliktpotentiale der Beziehungen zwischen Individuum und Gemeinschaft in den Hintergrund treten zu lassen, stehen diese zwar im liberalen Modell im Vordergrund, entbehren ihrerseits aber einer zufriedenstellenden sozialen Einbettung. Ich schlage deshalb vor, beide mit Hilfe einer Formel zu verbinden, welche die Gleichursprünglichkeit des sozialen und individuellen Gesichtspunktes akzentuiert, dabei allerdings in einem neuzeitlichen Kontext zu verstehen ist (von Scheliha 2013, S. 4ff.). Gemeint ist Kants paradoxe Formel von der „ungesellige[n] Geselligkeit der Menschen" (Kant 2005b [1784], S. 37 [A 392]). Dass dieses paradox klingt, ist nicht nur zufällig, schließlich müssen die sich widerstrebenden Momente der beiden anderen Modelle miteinander in der Einheit eines Begriffs verbunden werden. In ihrem Licht soll im

Folgenden die Friedens- und Rechtsidee gewonnen werden, wobei ich die kantschen Motive recht frei interpretiere.

Ganz allgemein geht es in jener Formel um die Eigenart des Menschen, sich als unauflösliche Spannung zwischen zwei gleichursprünglichen Aspekten seiner Existenz zu erfahren. Man könnte noch einen Schritt weiter gehen und sagen – so haben es vor Kant etwa Martin Luther und nach ihm Sigmund Freud formuliert – dass der sich aus dieser Spannung ergebende Konflikt ganz grundlegend zum Menschsein gehört und zwar sowohl mit Blick auf das Selbstverhältnis (*forum internum*) als auch hinsichtlich des Verhältnisses zu anderen (*forum externum*). Menschen sind somit Wesen, die weder deckungsgleich mit sich selbst noch mit ihrer Mitwelt sind. Die wider einander streitenden Aspekte, um die es in der Rede von der „ungesellige[n] Geselligkeit" geht, beschreibt Kant nun wie folgt: Der erste besteht in dem „Hang", „in Gesellschaft zu treten" beziehungsweise in der „Neigung, sich zu vergesellschaften"; der zweite besteht in dem „Hang, sich zu vereinzelnen" (isolieren), verstanden als „durchgängige[r] Widerstand […], welcher die […] Gesellschaft beständig zu trennen droht" (Kant 2005b [1784], S. 37f. [A 392]). Einerseits sind Menschen also soziale Wesen, andererseits sind sie aber auch durch asoziale Bestrebungen ausgezeichnet, woraus sich ergibt, dass weder das Ideal einer vollständigen Harmonie des Sozialen noch das einer vollkommenen Entsprechung mit sich selbst realistische Ziele des Handelns sind. Die Vorstellung einer vollständigen Harmonie im Sozialen ist es deshalb nicht, weil sie übersieht, dass Menschen nicht nur auf Gemeinschaft mit anderen aus sind, sondern auch in einem Selbstbezug stehen, der sich nicht auf Gemeinschaftsverhältnisse reduzieren lässt, der gewissermaßen eine Vetofunktion ihnen gegenüber erfüllt, die sich in ihren Steigerungsformen auch aktiv gegen Gestalten des Miteinanders wenden kann. In umgekehrter Blickrichtung verkennt das Ideal einer vollkommenen Entsprechung mit sich selbst, wie es beispielsweise in bestimmten Formen des Eremitentums zu finden ist, dass der Selbstbezug die Spur des Anderen bereits in sich trägt. Unter dieser Voraussetzung entpuppt sich die Idee einer reinen Intimität des Privaten somit als trügerische Nostalgie. Scheiden beide Vorstellungen als realistische Orientierungsziele aus, bleibt letztlich die elementare Aufgabe bestehen, mit dem nicht aus der Welt zu schaffenden Konflikt zwischen beiden Aspekten der Existenz so leben zu *lernen*, dass sowohl auf individueller als auch auf sozialer Ebene produktive Formen des Konfliktmanagements gefunden werden. Im Lichte dieser Konstellation ist daher die zentrale Aufgabe der Politik zu suchen.

3.2   Friedenssicherung als Aufgabe von Politik

Unter Politik soll zunächst ganz allgemein eine Gestalt von Praxis verstanden werden, die auf den Erhalt und die Entfaltung menschlicher Gemeinschaftsverhältnisse zielt (Gerhardt 1990). Dabei ist vorausgesetzt, dass menschliche Gemeinschaft nichts ist, was naturwüchsig gegeben ist, sondern unter den konfliktreichen Bedingungen menschlicher Existenz gestaltet werden muss. Diese grundlegende Charakterisierung erlaubt nun eine *weite* und *enge* Fassung des Begriffs. Letztere identifiziert Politik mit dem politischen Herrschaftssystem des Staates, der für innere und äußere Sicherheit zu sorgen hat. Als politisches Handeln gelten dann alle Prozesse, welche die Steuerung und Ausübung staatlicher Herrschaft umfassen. So wichtig diese Bestimmung auch ist, Politik sollte nicht auf sie beschränkt werden. In der weiten Bedeutung umfasst Politik vielmehr alle „Vorgänge […] kollektiver Willensbildung und Entscheidungen […], deren Ergebnis für ein Kollektiv, seine Mitglieder und seine Umwelt verbindlich und wirksam sind" (Herms 2003, S. 1449) und stellt somit einen Umgang mit sozialer

Macht dar, der die Staatsgewalt mit aufnimmt, sich aber nicht auf sie reduzieren lässt. Es bleibt zu erwarten, dass den beiden Fassungen des Politikbegriffs zwei unterschiedlich umfassende Ausprägungen des Friedenbegriffs korrespondieren. Bevor ich darauf näher eingehe, sei der allgemeine Zusammenhang zwischen Politik und Frieden kurz erläutert.

Angesichts des skizzierten Umstandes, dass sich das anthropologische Spannungsverhältnis nicht aufheben lässt, kommt alles darauf an, die darin gründenden sozialen Gefährdungspotentiale möglichst einzudämmen. Das geschieht, indem Bedingungen geschaffen werden, unter denen das Leben angesichts jenes Konfliktes für alle erträglich *ist* und für alle lebenswert *sein kann*. Ein solcher Zustand kann als Frieden in einem freilich noch sehr spezifizierungsbedürftigen Sinn bezeichnet werden. Damit knüpfe ich an die berühmte Formulierung Dolf Sternbergers (1961, S. 18) an, der im Frieden die „politische Kategorie schlechthin" erblickt, ihn mithin als „Gegenstand und Ziel der Politik" ausweist. Unter Frieden kann jedoch nicht die generelle Abwesenheit von Konflikt und Streit verstanden werden, es geht vielmehr um die Zivilisierung des Konflikts. Es ist also nicht das

> „Wesen des Friedens [...], den Streit abzuweisen und auszuschließen, gar abzuschaffen, sondern vielmehr ihn zu *regeln*. Gewiß auch ihn zu *schlichten*, wann und wo immer dies gelingen mag, und die Instanz sich findet, deren Spruch die Streitenden sich zu beugen bereit sind [...]. Aber die Schlichtung ist nur ein allerdings unentbehrlicher Sonderfall einer *Regelung* des Streites" (Sternberger 1961, S. 23).

Mit dieser Akzentuierung der Friedenssicherung ist auch aus protestantischer Sicht eine wichtige Aufgabe der Politik im *engeren Sinn* bestimmt. Ihre Bearbeitung erfolgt seit alters her im Medium des Rechts, dessen elementarste Funktion darin besteht, die Freiheitsansprüche, die Menschen anmelden, nicht antagonistisch aufeinandertreffen zu lassen, sondern miteinander nach allgemeinen Grundsätzen zu koordinieren. Das geschieht in einem rein äußerlichen Regelungssinn und ist verbunden mit der Möglichkeit, das erforderliche Verhalten zu erzwingen. Die Wirkweise des Rechts ist deshalb auf einen äußerlichen Regelungssinn begrenzt, da es seine Befugnis zu zwingen nicht daran bindet, welche individuellen Motive und Gewissheiten im Verhalten jeweils wirksam sind. Es stellt allein auf äußere Verhaltenskonformität und nicht auf die Gesinnung der Handelnden ab und kann diese Konformität, sollte sie ausbleiben, mit Gewalt einfordern. Diese funktionale Charakterisierung des Rechts sagt natürlich noch nichts über dessen ethische Qualität aus. Fest steht bislang nur, dass deren Bestimmung klare Kriterien dafür umfassen muss, unter welchen Bedingungen ein solcher Gewalteinsatz überhaupt gerechtfertigt sein kann. An dieser Stelle kommt daher das *weite Verständnis* von Politik in den Blick. Es dürfte nämlich nicht möglich sein, die materiale Entwicklung des Rechts grundsätzlich von seiner Verbindung mit gesellschaftlich wirksamen politischen Interessen abzulösen. Diese Annahme führt schließlich dazu, eine wie auch immer zu bestimmende ethische Qualität des Rechts im Zusammenhang des Verhältnisses der engen und weiten Dimension von Politik zu begreifen. Die geschichtliche Entwicklung der Menschenrechte im Ausgang der Revolutionen des 18. Jahrhunderts liefert dafür jedenfalls reichlich Anschauungsmaterial. Vor diesem Hintergrund soll nun der Friedensbegriff weiter differenziert werden.

4   Konzeptionen des Friedens

Ein Begriff lässt sich durch Verneinung seines Gegenteils oder durch Bestimmung der ihm zugehörigen Merkmale spezifizieren. Im ersten Fall handelt es sich um eine negative, im zweiten Fall um eine positive Definition. Diese Unterscheidung lässt sich auch auf den Friedensbegriff anwenden (zur neueren Friedensforschung Werkner 2017, S. 19ff.). Eine gängige negative Definition des Friedens versteht ihn als Nicht-Krieg, das heißt als Abwesenheit von Krieg, wohlgemerkt, nicht von Konflikten und sozialen Spannungen überhaupt. Die positiven Definitionen variieren je nach dem, welche Eigenschaften dem Begriff des Friedens zugewiesen werden. Ein weitreichender Konsens dürfte darin bestehen, eine zentrale Eigenschaft in der Gerechtigkeit zu erblicken, was schließlich veranlasst, von einem „gerechten Frieden" zu reden. Unter diesem Gesichtspunkt kann Frieden im positiven Sinn ganz allgemein als eine „gerechte Ordnung" (Huber und Reuter 1990, S. 21) von sozialen Beziehungen verstanden werden. Beide Definitionen weisen jedoch Mängel auf, deren problematischster wohl darin besteht, dass in ihnen Frieden tendenziell als ein Zustand begriffen wird, der durch bestimmte Eigenschaften oder die Abwesenheit von anderen Eigenschaften gekennzeichnet ist. Dieses Verständnis von Frieden als Zustand übersieht allerdings seinen wesentlichen *Prozess*charakter (Czempiel 1998). Wenn wir von Frieden reden, meinen wir in der Regel keine Zustände, sondern diejenigen Prozesse, in denen er sich einstellt bzw. einstellen wird, das heißt geschichtliche Prozesse sukzessiver Friedensförderung. Soviel sei zu einer ersten Eingrenzung gesagt, die ein Möglichkeitsspektrum für verschiedene Konzeptionen von Frieden eröffnet. Aus der Fülle dieser Möglichkeiten greife ich mit Augustin und Kant bewusst zwei klassische Ansätze heraus, an denen der angezeigte Umfangsunterschied exemplarisch studiert werden soll. Die Auswahl liegt zudem darin begründet, dass sich ausgehend von beiden eine Typendifferenz entwickeln lässt, die sowohl stark kontrastierend wirkt als auch Vermittlungsfragen aufwirft. Zwischen Augustin und Kant liegt nämlich eine für die Thematik nicht unerhebliche

mentalitätsgeschichtliche Verschiebung: die neuzeitliche Transformation des Verhältnisses von Ethik, Religion und Politik.

4.1   Augustins Vision vom ewigen Frieden

In seinem *opus magnum* „De civitate dei" entwickelt der Kirchenvater eine eindrucksvolle Geschichtsdeutung, in deren Rahmen
er seine Überlegungen zum Frieden platziert. Augustin sieht die
Dynamik des Geschichtsverlaufs von dem spannungsreichen Verhältnis zweier Gemeinschaften bestimmt, die allerdings nicht mit
den Institutionen des Staates und der Kirche identifiziert werden
sollten. Diese beiden *civitates* existieren seit Beginn der Weltge-
schichte in einem spannungsvollen Verhältnis und werden dies bis
ans Ende der Geschichte auch weiter tun. Ihre endgültige Trennung
erfolgt daher erst im jüngsten Gericht. Auf der einen Seite befindet
sich die *civitas terrena*, die „irdische Stadt", auf der anderen Seite
existiert die *civitas dei,* „die Stadt Gottes". Während diejenigen, die
an der „irdischen Stadt" teilhaben, in der Konzentration auf das
Irdisch-Zeitliche ihren Lebenszweck sehen, erfahren diejenigen,
welche die „Stadt Gottes" bilden, das Irdische als Durchgangsstation
auf dem Weg der Realisierung ihres höchsten Zweckes, des ewigen
Friedens im Reich Gottes. Diese Gesamtsicht impliziert, dass die
Beziehung, die die Angehörigen der „Stadt Gottes" zu den zeitlichen
Gütern unterhalten, von anderer Art ist als die Beziehung, welche
die Bürger der „irdischen Stadt" zu diesen Dingen unterhalten. Augustin fasst besagten Beziehungsunterschied mit der Differenz von
uti (gebrauchen) und *frui* (genießen). Während für die Bürger der
„irdischen Stadt" die zeitlichen Güter den höchsten Genuss bieten,
nutzen die Bürger der „Gottesstadt" diese Güter zwar ebenso wie
alle anderen, allerdings sind sie für sie keine Gegenstände höchsten
Genusses. Das ist Gott allein (Augustinus 1997 [410], Buch XV,

Abs. 7, S. 223). Soviel möchte ich zur Grundkomposition sagen. Wie wird nun in ihrem Rahmen das Friedensthema bedacht?

Aus dem Bisherigen ergibt sich, dass es von Augustin im Zusammenhang eines Verständnisses von der Gesamtordnung der Schöpfung im Plane Gottes entwickelt wird. So gesehen dürfen auch die ethischen Überlegungen nicht aus dieser Gesamtsicht der Wirklichkeit herausgelöst werden (van Geest 2007, S. 526f.). Dabei sind folgende Details von Interesse: Augustin versteht den Frieden als ein universales Gut, wobei sich sowohl die bereits bekannte negative als auch eine positive Bestimmung finden: Negativ betrachtet ist Frieden „das erwünschte Ende des Krieges" (Augustinus 1997 [410], Buch XIX, Abs. 12, S. 547). Diese negative Charakterisierung ist allerdings Teil einer durchaus anspruchsvollen positiven Bestimmung, nämlich der von Frieden als Qualität einer *Ordnung von Beziehungen* (Looney 2017, S. 226f.). Das Ordnungskonzept lässt sich dabei wie folgt spezifizieren: Ordnung umfasst sowohl die Beziehungen ihrer einzelnen Teile untereinander als auch die Beziehung aller Teile auf das Ganze der Ordnung selbst. Eine solche Ordnung kann im Frieden oder im Unfrieden mit sich und anderen Ordnungsgefügen sein, was bedeutet, dass sie nicht in sich selbst feststeht, sondern als störungsanfälliger Prozess verstanden werden sollte (Augustinus 1997 [410], Buch XIX, Abs. 13, S. 552). Dasselbe gilt für die Beziehungen zwischen einzelnen Ordnungen.

Die unterschiedlichen Ordnungsarten werden von Augustin sehr eindrucksvoll differenziert. Auf der Ebene des Individuums: die Ordnungsstruktur der körperlichen Funktionen, die Ordnungsstruktur der psychischen Funktionen sowie ihr geordnetes Verhältnis zueinander (Leib/Seele); auf der Ebene der Gesellschaft: die geordneten Beziehungen in der Familie, im Haus und im Staat; und schließlich auf der Ebene des Gottesbezugs: die geordneten Beziehungen der Einzelnen und der Gemeinschaft untereinander mit Blick auf Gott und sein Reich. Es liegt in der Konsequenz dieser Bestimmung, dass sich in jeder Ordnungsstruktur eine ihr entsprechende *Art des Friedens* ausbildet. Das geschieht, wenn die Beziehungen der einzelnen Teile untereinander und im Verhältnis zum Ganzen durch das bestimmt sind, was Augustin *concordia* (Eintracht) nennt. Frieden lässt sich somit als *concordia* einer Ordnung sowie als *concordia* zwischen Ordnungen bezeichnen (Augustinus 1997 [410], Buch XIX, Abs. 13, S. 552).

Der Frieden weist in dieser Perspektive sowohl eine individuelle, gesellschaftliche und religiöse Dimension auf. Augustins Verständnis ist daher im besten Sinn des Wortes *umfassend* zu nennen und zwar in zwei Hinsichten: Es ist umfassend, indem es eine *gestufte* Friedensordnung im Blick hat. In ihr sind die einzelnen Ordnungsstrukturen aufeinander in der Weise von mehr oder weniger inklusiven Ordnungen bezogen. Der Frieden des Staates, der in der „Eintracht" des „Befehlen[s] und Gehorchen[s]" besteht, umgreift somit den individuellen Frieden im Verhältnis der Übereinstimmung von Denken, Wollen und Fühlen. Auf höchster Stufe schließt daher auch die Beziehung zu Gott alle anderen Beziehungssysteme in sich ein, indem sie ihnen ihren rechten Ort im Gesamtgefüge zuweist. Des Weiteren ist Augustins Verständnis deshalb umfassend zu nennen, weil es in der Tat alle Dimensionen des Lebens *umspannt*. Das Streben nach Frieden in diesem umfassenden Sinn durchzieht gleichsam wie eine Naturgesetzlichkeit den ganzen Kosmos, verbindet Mensch und nichtmenschliche Kreatur miteinander.

Um die sehr grobe Skizze dieser Position abzuschließen, ist noch die Beziehung zwischen dem Frieden im Bereich der „Stadt Gottes" und den zeitlichen Friedensbestrebungen zu klären. Die Angehörigen der *civitas dei* sollen sich für den irdischen Frieden einsetzen und ihn zu erhalten suchen, sofern – und das ist die Bedingung – er mit ihrer Glaubensgewissheit in Einklang steht. Der Erhalt des zeitlichen Friedens und der Einsatz für ihn bei einer gleichzeitigen Distanz gegenüber einer Verabsolutierung irdischer Verhältnisse ist folglich die Grundausrichtung der Konzeption Augustins. Es ist letztlich der eschatologische Frieden, an dem alles zu messen ist:

> „So muß denn aller Friede, der Friede des Leibes und der Seele sowie der zwischen Leib und Seele, gerichtet sein auf jenen Frieden, der den sterblichen Menschen mit dem unsterblichen Gott verbindet; dann besitzt er den im Glauben geordneten Gehorsam gegen das göttliche Gesetz" (Augustinus 1997 [410], Buch XIX, Abs. 14, S. 556).

Diese Sicht der Dinge hat Augustin schließlich den Ruf eingebracht, das Ende aller Politik, also „Antipolitik" (Sternberger 1978, S. 309) zu begründen. Ob dieser Einwand zu Recht oder zu Unrecht besteht, kann hier nicht weiter diskutiert werden.

4.2   Kants Ideal vom Ewigen Frieden

Zwischen Augustins Vision von der *pax aeterna* und Kants Utopie vom ewigen Frieden verschieben sich die kulturellen Verhältnisse. Ethik, Religion und Politik, die lange Zeit eine integrierte Einheit bildeten, treten in komplexen Beziehungen auseinander. Diese veränderte Lage lässt sich nicht nur am neuzeitlichen Selbstverständnis ablesen, interessanter ist es danach zu fragen, wie die ethische Orientierung ihrer eigenen Inhalte überhaupt inne wird und sich von ihrer Richtigkeit überzeugt. Die Verschiebung, die sich zwischen Augustins und Kants Friedenskonzeption ereignet, betrifft somit das Moralverständnis selbst. Beim Kirchenvater bis hin zu Thomas von Aquin sieht die Freiheit die Richtigkeit ihrer Orientierungsansprüche ein, indem sie sich einfügt in einen ihr vorgängigen Ordnungszusammenhang. Sein und Sollen bilden ihr eine unverbrüchliche Einheit und zwar derart, dass das Sein,

das selbst werthaltig ist, das Sollen aus sich organisch entlässt.
Das ändert sich im Zuge der neuzeitlichen Entwicklung zwar
schleichend, aber schließlich doch grundlegend. Nicht im Zuge
einer Einfügung in eine kosmische Gesamtordnung findet Freiheit
ihre Orientierung, sondern das, an dem sie sich orientiert, wird
weithin als Bestimmungsfaktor ihres eigenen Vollzugs angesehen.
Sie orientiert sich somit an den Prinzipien, die allein im Handeln
selbst den Bürgen ihrer Richtigkeit finden. Es sind Prinzipien, die
sich die Freiheit selbst gibt und die somit die Selbst-Entfaltung der
Freiheit zum Ausdruck bringen.

Vor diesem Hintergrund lassen sich die relevanten Pointen
von Kants programmatischem Entwurf „Zum ewigen Frieden"
näher verdeutlichen, in dem es im Kern um eine internationale
Ordnung der Freiheiten geht. Im Jahre 1795 veröffentlicht, knüpft
die Schrift offensichtlich an das Motiv vom ewigen Frieden an,
füllt es jedoch mit neuem Inhalt. Verbindet Augustin und die ihm
folgende Tradition damit den himmlischen Frieden, in dem sich
der irdische erst vollendet, so zielt Kants Gebrauch des Adjektivs
darauf ab, eine mögliche Qualität der diesseitigen Welt zu erfassen. In diesem Sinn meint „ewiger Friede" einen Frieden, dem
sich Konfliktparteien *ohne Hintertür* und *Vorbehalt* verschreiben.
Deshalb heißt es im ersten „Präliminarartikel": „Es soll kein
Friedensschluß für einen solchen gelten, der mit dem geheimen
Vorbehalt des Stoffs zu einem künftigen Kriege gemacht worden.
Denn alsdann wäre er ja ein bloßer Waffenstillstand (Aufschub der
Feindseligkeiten), nicht Friede" (Kant 2005c [1796], S. 196 [BA 5]).
Darin zeigt sich eine erste wichtige Verschiebung gegenüber der
Tradition. An sie schließt sich eine zweite an. Achtet man nämlich
auf das, was Kant in seiner Schrift entwirft, dann zeigt sich eine
bewusst vorgenommene Verengung der Friedensthematik auf
einen Aspekt hin. Der umfassende Anspruch Augustins ist somit
fallen gelassen. Kant begreift den Frieden vielmehr ganz strikt als

Eigenschaft des Rechts. Ausgeklammert bleibt hier die kosmische Friedensordnung Augustins, in der jedes Ding und Lebewesen seinen ihm zugewiesenen Ort hat, ausgeklammert bleibt aber auch der persönliche Frieden, das Empfinden, mit sich selbst in Eintracht leben zu können, und ausgeklammert bleibt infolge auch der religiös verstandene Frieden in Gott. Der Akzent liegt ausschließlich auf dem politisch-rechtlich verbürgten sozialen Frieden, der auf wechselseitigem Gewaltverzicht aufbaut. Darin besteht die wohl markanteste Verschiebung gegenüber der augustinschen Variante.

Rechtszustände sind dabei nicht naturgegeben, sondern müssen unter Anstrengung und unter Bewältigung von Konflikten erst „gestiftet werden" (Kant 2005c [1796], S. 203 [BA 18]). Sie sind also Resultate von Lernprozessen, in denen sich unter den Bedingungen des Natürlichen die Gewissheit eigener Autonomie ausbildet (Kant 2005b [1784], S. 38 f. [A393f]). Sind sie einmal gestiftet, treten sie nicht an die Stelle von Konflikten, ermöglichen aber einen Umgang mit ihnen, der ohne kriegerische Gewalt auszukommen sucht. Ein Rechtszustand umfasst sodann nach Kant „äußere (rechtliche) Freiheit" und „äußere (rechtliche) Gleichheit" (Kant 2005c [1796], S. 204 [B 21]). Rechtliche Freiheit ist dabei als diejenige „Befugnis" verstanden, derzufolge Bürgerinnen und Bürger nur denjenigen Gesetzen nachzukommen haben, denen sie begründet zustimmen können; und rechtliche Gleichheit meint hier ein Verhältnis zwischen Bürgern/Bürgerinnen, in dem das, was den anderen auferlegt wird, prinzipiell auch von einem selbst übernommen werden kann. In diesem Sinn steht der Rechtsbegriff – wohlgemerkt, der Vernunftbegriff des Rechts – für den „Inbegriff der Bedingungen, unter denen die Willkür des einen mit der Willkür des anderen nach einem allgemeinen Gesetze der Freiheit zusammen vereinigt werden kann" (Kant 2005a [1797], S. 337 [B 33]). Es ist dieses konsensuell verbürgte Ordnungsgefüge der Freiheit, das Kant im Blick hat, wenn er zunächst von innerstaatlichem Frieden redet. Dies eingestanden, sieht er diesen innerstaatlichen Zustand sogleich aber auch als wesentliche Voraussetzung für einen dauerhaften zwischenstaatlichen Frieden an. Alle Staaten sollen daher Republiken sein. Diese Pointe impliziert eine weitere. Kant geht nämlich davon aus, dass eine republikanische Verfassung *strukturell*, nicht aus etwaigen pazifistischen Gesinnungen, *friedensfördernd* ist. Um dieses strukturelle Moment näher zu erfassen, gilt es zweierlei zu beachten: Zunächst besteht die Eigenart einer republikanischen Verfassung darin, dass sie „politische Heteronomie in politische Autonomie" (Kersting 2017, S. 490) transformiert, indem sich Bürger und Bürgerinnen als freie und gleiche Rechtspersonen begegnen und über die sie betreffenden politischen Angelegenheiten gemeinsam beschließen. Dabei ist weiterhin entscheidend, dass sie bei ihren Beratschlagungen aus eigenem Selbstinteresse heraus die Option eines Krieges verwerfen werden. Denn es kann definitiv nicht in ihrem Sinn sein, die „Drangsale des Krieges über sich selbst [zu] beschließen" (Kant 2005c [1796], S. 205 [BA 23]). So gesehen tendieren republikanisch verfasste Gesellschaften aus sich selbst heraus schon dazu, friedensfördernde Prozesse zwischen ihnen anzustoßen und zu unterstützen.

Innerhalb dieser vernunftrechtlichen Zuspitzung bleibt Kant aber in gewisser Weise dem Anspruch treu, eine umfassende Bestimmung des Begriffs zu liefern. Und so entfaltet er schließlich alle politischen „Grundbeziehungen" (Höffe 1995, S. 6) unter der Maßgabe der Friedenssicherung und Gewalteindämmung. Das geschieht, indem in den sogenannten „Definitivartikeln" die drei Typen dieser Beziehungen entwickelt werden: (1.) Die rechtlichen Beziehungen von Einzelnen innerhalb eines Staates (Staatsrecht); (2.) die Beziehungen zwischen republikanisch verfassten Einzelstaaten in einer internationalen Rechtsgemeinschaft (Völkerrecht). Im Blick ist hier ein föderal organisierter Bund der Staaten. (3.) Schließlich gehören dazu die Beziehungen, die von Einzelpersonen zu einzelnen

Staaten eingegangen werden, also die Beziehung zu allen Menschen als Rechtssubjekten, ungeachtet ihrer staatlichen Zugehörigkeit (Weltbürgerrecht). Das Ideal, das Kant hier vorschwebt, ist somit das Ideal einer globalen, rechtlich geregelten Friedensordnung, die sich als Föderation von Einzelstaaten gestaltet. Das Modell eines Welteinheitsstaates wird von ihm ausdrücklich abgelehnt, da ein solcher in letzter Konsequenz zu einem „Kirchhofe der Freiheit" (Kant 2005c [1796], S. 226 [B 64 f.]) führt.

5   Zum Verhältnis der beiden Friedenskonzeptionen

Augustins aus christlicher Perspektive vorgetragene geschichtstheologisch verankerte Friedensidee und ihre konzentriert vernunftrechtliche Fassung bei Kant sind nicht nur unter theoriehistorischen Gesichtspunkten relevant. Ihre jeweiligen Profile lassen sich auch systematisch nutzen, um einen Beitrag zur Bearbeitung des komplexen Problems zu liefern, in welchem Verhältnis eine weite und enge Bestimmung des Friedensbegriffs zueinander stehen.

Dabei stellt sich anknüpfend an die oben vorgenommene Charakterisierung des „gerechten Friedens" als eines Prozesses friedensfördernder Maßnahmen zunächst die Frage nach seiner Grund- bzw. „Anfangsbedingung" (Reuter 2001, S. 522). Sucht man eine Antwort, sehe ich keine ernstzunehmende Alternative zu der Einsicht, Friedenssicherung zuerst als „Werk des Gewaltverzichts" (Reuter 2001, S. 522) – präziser, als Zivilisierung der Gewalt durch ihre rechtstaatliche Monopolisierung – zu begreifen. Unter diesem Vorzeichen gestaltet sich Friedensethik in einem ersten Schritt als Rechtsethik auf Basis der Menschenrechte, die ihre politisch wirksame Realität in staatlich garantierten Grundrechten finden müssen. Allein durch diese Rechtsbindung wird das Gewaltmonopol jedenfalls einer Kontrolle unterworfen, die vor Willkür schützt, und deren normativer Fluchtpunkt in der „Ermöglichung von individueller Freiheit" (von Scheliha 2013, S. 221) und gemeinsamer Verständigung über die Spielräume der Freiheit zu sehen ist. In diesem Konnex zwischen Gewaltmonopol und Rechtsbindung zum Zwecke von Freiheitsermöglichung dürfte jedenfalls eine *conditio sine qua non* aller Bestimmungen dessen liegen, was friedensfördernde Prozesse im Kern zu leisten haben. Das semantische Spektrum des Friedensbegriffs ist damit natürlich noch längst nicht ausgeschöpft, allerdings sind alle weitergehenden Bestimmungen auf die friedensstiftende Leistung des Rechts verwiesen, so beispielsweise auch die zentrale Forderung sozialer Gerechtigkeit, sozioökonomische Notlagen und die damit einhergehenden materiellen Einschränkungen von Freiheitsspielräumen abzubauen. Letzteres sollte deshalb nicht als Ausgangsbedingung des Friedens, sondern eher als ein Erfüllungsfaktor für seine nachhaltige und umfassende Förderung angesehen werden. Damit ist bereits der Übergang von einem engen zu einem weiten Verständnis im Blick. Er wird in der Hinwendung zu Augustins Konzeption vollzogen, wobei ich mich weniger auf deren inhaltliche Akzente stütze, sondern vor allem nach ihrem wissenstheoretischen Status und Funktionswert frage. Damit ist die Hoffnung verbunden, dass eine produktive Klärung des Verhältnisses zwischen engem und weitem Begriff exakt an dieser Stelle ansetzen kann. Der Kirchenvater hat bekanntlich ein Verständnis des Friedens vor Augen, das sowohl individuelle, soziale als auch kosmologisch-religiöse Dimensionen beinhaltet. Es ist also umfassend integrativ gestaltet, wobei das Politische im engeren Sinn und der ihm korrespondierende „irdische Friede" nicht an sich selbst, sondern allein im Zusammenhang der Vision vom „ewigen Frieden" als relevant ausgewiesen wird. Inhaltlich ist diese Pointe natürlich alles andere als unproblematisch, mir kommt es hingegen nur auf die integrative Form selbst an. Folgt man dieser

Idee, wird nämlich schnell deutlich, dass dadurch Sinndimensionen des Friedenskonzeptes in den Blick geraten, die im Lichte der engeren Begriffsfassung zwar notgedrungen ausgespart bleiben müssen, zu den lebensweltlich verankerten Verwendungsweisen des Begriffs aber immer noch konstitutiv mit hinzugehören. Dazu zählen etwa tugendethische (Frieden als Qualität des *Subjekts*), güterethische (Frieden als Qualität von *Gemeinschaftsformen*) und weltanschaulich-religiöse (Frieden als Qualität des Verhältnisses von *Teil-Ganzem*) Sinndimensionen. Von ihnen gilt, dass sie semantische Horizonte eröffnen, in denen sich die rechtlich verbürgten Freiheiten in einer Weise definieren, die einerseits zwar weit über die Rechtsform hinausgeht, auf die andererseits aber jede gelebte Wirklichkeit rechtlicher Friedenssicherung in letzter Konsequenz angewiesen bleibt. Ohne die integrativen und motivationalen Leistungen von sinngebenden kulturellen Lebensformen kann sich der Rechtsfriede als solcher jedenfalls nicht verlässlich stabil erhalten. Er ist auf ihr Entgegenkommen angewiesen.

Dass Augustin seine Sicht der Dinge im Rahmen einer christlich-platonischen Perspektive entwickelt, ist daher nicht nur historisch interessant, sondern lässt sich in einer wissenstheoretischen Hinsicht generalisieren. Ich deute diesen Befund so, dass jede semantisch umfassende Konzeption des Friedens mit einer spezifischen Interpretation des Verhältnisses zwischen Teil-Ganzem, also mit einer weltanschaulich-religiösen Perspektive, verbunden bleibt. Wenn das stimmt, liegt es nahe, etwa Religionen nicht nur als Adressaten von friedensgestaltenden Maßnahmen anzusehen, sondern ebenfalls als Gestaltungsfaktoren zu erachten und ihnen dementsprechende Partizipationsmöglichkeiten zu eröffnen. Augustin selbst ist natürlich davon überzeugt, dass diese gestaltenden Faktoren im Grunde nur christliche sein sollten. An dieser Stelle müssen wir seine Einsicht in Richtung einer radikaleren Forderung nach Anerkennung von weltanschaulich-religiöser Pluralität öff-

nen. Denn zum Ideal des gerechten Friedens gehört neben seiner
rechtlichen Seite und der ihr korrespondierenden Verpflichtung,
sozioökonomische Notstände abzubauen, auch ein Umgang mit
kultureller Vielfalt, der nicht nur dem Prinzip des Respekts vor
dem Anderen genügt, sondern ebenso die in dieser Vielfalt wirksamen friedensgenerierenden Potentiale zu nutzen sucht. Das ist
natürlich riskant, eine ernstzunehmende Alternative dazu dürfte
es aber nicht geben. In diesem Sinn argumentiert die Denkschrift
der EKD, wenn sie die Anerkennung kultureller Differenz in ihr
Programm aufnimmt:

> „Gerechter Friede auf der Basis der gleichen personalen Würde
> aller Menschen ist ohne die *Anerkennung kultureller Verschie-
> denheit* nicht tragfähig […]. Unter den heutigen Bedingungen
> gesellschaftlicher und kultureller Pluralität sind Bemühungen um
> eine gleichberechtigte Koexistenz unabdingbar. Hierzu bedarf es
> der Entwicklung gemeinsam anerkannter Regeln des Dialogs und
> einer konstruktiven Konfliktnatur" (EKD 2007, Ziff. 84).

Der Implementierung und dem Erhalt von Rechtszuständen muss
eine solche Bemühung daher immer flankierend zur Seite stehen,
um langfristig erfolgreich zu sein. Das heißt: So wie der enge Begriff
von Politik im Zusammenhang des weiten zu verstehen ist, bleibt
folglich auch der enge Begriff des Friedens auf den weiten verwiesen.

Literatur

Aristoteles. 1995 [vor 347 v. Chr.]. Politik. In *Philosophische Schriften in sechs Bänden*. Bd. 4, übersetzt von Eugen Rolfes. Hamburg: Meiner.

Augustinus, Aurelius. 1997 [410]. *Vom Gottesstaat*. Aus dem Lateinischen übertragen von Wilhelm Thimme, eingeleitet und kommentiert von Carl Andresen. 4. Aufl. München: Deutscher Taschenbuch Verlag.

Evangelische Kirche in Deutschland (EKD). 2007. *Aus Gottes Frieden leben – für gerechten Frieden sorgen. Eine Denkschrift des Rates der Evangelischen Kirche in Deutschland*. 2. Aufl. Gütersloh: Gütersloher Verlagshaus.

Czempiel, Ernst-Otto. 1998. *Friedensstrategien. Eine systematische Darstellung außenpolitischer Theorien von Machiavelli bis Madariaga*. 2. Aufl. Opladen: Westdeutscher Verlag.

Fukuyama, Francis.1992. *The End of History and the Last Man*. London: Penguin Books.

Geest, Paul van. 2007. Art. Ethik. In *Augustin-Handbuch*, hrsg. von Volker Drecoll, 526–539. Tübingen: Mohr Siebeck.

Gerhardt, Volker. 1990. Politisches Handeln. Über einen Zugang zum Begriff der Politik. In *Der Begriff der Politik. Bedingungen und Gründe politischen Handelns*, hrsg. von Volker Gerhardt, 291–309. Stuttgart: Metzler.

Härle, Wilfried. 2010. Vom gerechten Krieg zum gerechten Frieden. In *Verantwortete Zukunft. Christliche Perspektiven für politische Ethik und politisches Handeln*, hrsg. von Christian Löw und Christoph Seibert, 21–39. Neukirchen-Vluyn: Neukirchener Verlagsgesellschaft.

Herms, Eilert. 2003. Art. Politik I. Sozialwissenschaftlich. In *Religion in Geschichte und Gegenwart*. Bd. 6, hrsg. von Hans Dieter Betz, Don S. Browning, Bernd Janowski und Eberhard Jüngel, 1449–1451. 4. Aufl. Tübingen: Mohr Siebeck.

Hobbes, Thomas. 1998 [1651]. *Leviathan oder Stoff, Form und Gewalt eines kirchlichen und bürgerlichen Staates*. 8. Aufl. Frankfurt a. M.: Suhrkamp.

Höffe, Otfried. 1995. Der Friede – ein vernachlässigtes Ideal. In *Immanuel Kant, Zum Ewigen Frieden*, hrsg. von Otfried Höffe, 1–29. Berlin: Akademie Verlag.

Huber, Wolfgang und Hans-Richard Reuter. 1990. *Friedensethik*. Stuttgart: Kohlhammer.

Kant, Immanuel. 2005a [1797]. Die Metaphysik der Sitten. In *Werke in sechs Bänden*. Bd. 4, hrsg. von Wilhelm Weischedel, 303–634. 6. Aufl. Darmstadt: Wissenschaftliche Buchgesellschaft.

Kant, Immanuel. 2005b [1784]. Idee zu einer allgemeinen Geschichte in weltbürgerlicher Absicht. In *Werke in sechs Bänden*. Bd. 6, hrsg. von Wilhelm Weischedel, 31–50. 6. Aufl. Darmstadt: Wissenschaftliche Buchgesellschaft.

Kant, Immanuel. 2005c [1796]. Zum Ewigen Frieden. Ein philosophischer Entwurf. In *Werke in sechs Bänden*. Bd. 6, hrsg. von Wilhelm Weischedel, 191–251. 6. Aufl. Darmstadt: Wissenschaftliche Buchgesellschaft.

Kersting, Wolfgang. 2017. Globaler Rechtsfrieden – Immanuel Kants Entwurf eines „ewigen Friedens". In *Handbuch Friedensethik*, hrsg. von Ines-Jacqueline Werner und Klaus Ebeling, 485–499. Wiesbaden: Springer VS.

Locke, John. 1977 [1689]. *Zwei Abhandlungen über die Regierung.* Frankfurt a. M.: Suhrkamp.

Looney, Aaron. 2017. Die Lehre vom gerechten Krieg im frühen Christentum: Augustinus. In *Handbuch Friedensethik*, hrsg. von Ines-Jacqueline Werner und Klaus Ebeling, 225–237. Wiesbaden: Springer VS.

Münkler, Herfried. 2002. *Die neuen Kriege.* Reinbek: Rowohlt.

Reuter, Hans Richard. 2001. Art. Frieden/Friedensethik. In *Evangelisches Soziallexikon*, hrsg. von Martin Honecker, Horst Dahlhaus, Jörg Hübner, Traugott Jähnichen und Heidrun Tempel, 515–523. Stuttgart: Kohlhammer.

Scheliha, Arnulf von. 2013. *Protestantische Ethik des Politischen.* Tübingen: Mohr Siebeck.

Senghaas, Dieter. 1997. Frieden – ein mehrfaches Komplexprogramm. In *Frieden machen*, hrsg. von Dieter Senghaas, 560–575. Frankfurt a. M.: Suhrkamp.

Sternberger, Dolf. 1961. *Begriff des Politischen. Der Friede als der Grund und das Merkmal und die Norm des Politischen.* Frankfurt a. M.: Insel Verlag.

Sternberger, Dolf. 1978. *Drei Wurzeln der Politik.* Frankfurt a. M.: Insel Verlag.

Werkner, Ines-Jacqueline. 2017. Zum Friedensbegriff in der Friedensforschung. In *Handbuch Friedensethik*, hrsg. von Ines-Jacqueline Werner und Klaus Ebeling, 19–32. Wiesbaden: Springer VS.

Wolf, Klaus Dieter. 2016. *Die UNO. Geschichte, Aufgaben, Perspektiven.* 3. Aufl. München: Beck.

Leitbild
Theoretischer Anspruch und moralische Orientierung

1   Einleitung

Im Rahmen der Konsultationsreihe zum gerechten Frieden, der
die vorliegende Publikation entspringt, hat sich die Frage ergeben,
ob und inwiefern von einem Leitbild als „ethische Kategorie"
gesprochen werden könnte. Diesem Impuls verdankt sich der
vorliegende Beitrag an erster Stelle: Was unter einer „ethischen Kategorie" verstanden werden beziehungsweise inwiefern ein Leitbild
eine solche „ethische Kategorie" darstellen könnte, wird deshalb
Gegenstand der nachfolgenden Überlegungen sein. Dies mit dem
Ziel, einen Beitrag zu leisten zur Diskussion einer Frage, die mit
Blick auf das Leitbild des gerechten Friedens auch nach einer lang
anhaltenden Debatte immer noch ungeklärt scheint. Ich nenne sie
die Frage danach, was ein Leitbild in funktionaler – und das heißt
stets auch, orientierender – Hinsicht zu leisten vermag und mit
welchem theoretischen Anspruch dieses Leitbild vertreten wird.

In der Auseinandersetzung mit dem Konzept des gerechten
Friedens ist dies gewiss keine neue Fragestellung. Im Gegenteil
ist sie so alt wie die Rede vom gerechten Frieden selbst, und es

© Springer Fachmedien Wiesbaden GmbH, ein Teil von Springer Nature 2018   37
S. Jäger und J.-D. Strub (Hrsg.), *Gerechter Frieden als politisch-ethisches
Leitbild*, Gerechter Frieden, https://doi.org/10.1007/978-3-658-21757-0_3

mangelte auch nie an kritischen Stimmen, die Angemessenheit und Leistungsfähigkeit des Konzepts für eine zeitgemäße Friedensethik grundsätzlich in Frage stellten (stellvertretend für andere z. B. Körtner 2003, 2006). Auffallend ist dabei jedoch, dass sich die Grundsatzfragen, die mit Blick auf das Konzept des gerechten Friedens diskutiert werden, in den zurückliegenden Jahren noch kaum verändert haben, auch wenn zuletzt wieder in großer Zahl neue Quellen für diese Debatte erschlossen wurden (vgl. jetzt auch Werkner 2018). Im Zentrum steht dabei just jener Zusammenhang, der danach fragt, welche Weichenstellung damit verbunden ist, dass der gerechte Frieden namentlich in der evangelischen Friedensethik als Leitbild profiliert wird.

Ich versuche im vorliegenden Beitrag nicht nur, der gestellten Aufgabe nachzugehen, sondern auch dem Empfinden nachzuspüren, wonach viele in der aktuellen friedensethischen Diskussion zum gerechten Frieden auffindbare Fragen schon seit längerem im Raum stehen, und es deshalb von eigenem Wert sein könnte zu erörtern, weshalb sie offenkundig so schwer zu beantworten sind. Der erste Abschnitt ist im Folgenden dem Unterfangen gewidmet, das Profil der Rede vom gerechten Frieden als Leitbild weiter zu schärfen, indem unter Rückgriff auf andere im Verlauf der vorliegend dokumentierten Konsultation entstandene Texte nach einer funktionalen Bestimmung dessen, was als Leitbild „gerechter Frieden" bezeichnet wird, gesucht wird. Daran anschließend werde ich in einem zweiten Abschnitt einige Ausführungen zur Frage machen, inwiefern sinnvoll von einem Leitbild als „ethischer Kategorie" gesprochen werden kann. Sodann nehme ich in einem dritten Abschnitt beide Gedankenstränge noch einmal auf, um der Leitbild-Idee das Wort zu reden.

2 Konzept, Lehre, Leitbild – eine vorläufige Annäherung

Sucht man nach dem Ausgangspunkt einer Rede vom gerechten Frieden, die nicht nur die theologisch-friedensethische Berechtigung und den naheliegenden Charakter dieser Vorstellung betont, sondern sie auch mit einem umfassenden theoretischen Anspruch verbindet, so führt am Schlussdokument der Dresdner Ökumenischen Versammlung für Gerechtigkeit, Frieden und die Bewahrung der Schöpfung von 1989 kein Weg vorbei. Dort heißt es bekanntlich:

> „Mit der notwendigen Überwindung der Institution des Krieges kommt auch die Lehre vom gerechten Krieg, durch welche die Kirchen den Krieg zu humanisieren hofften, an ein Ende. Daher muss schon jetzt eine Lehre vom gerechten Frieden entwickelt werden, die zugleich theologisch begründet und dialogoffen auf allgemein-menschliche Werte bezogen ist. Dies im Dialog mit Andersglaubenden zu erarbeiten, ist eine langfristige ökumenische Aufgabe der Kirchen" (Ökumenische Versammlung 1989, Ziff. 36).

Es ist eine ambitionierte Zielsetzung, die aus diesem Zitat hervortritt, und sie zeigt deutlich, was gemeint ist, wenn der gerechte Frieden, wie Roger Mielke es formuliert hat, nicht bloß „als eine tief in den Quellen, Basistexten und geistlichen Traditionen der Christenheit verankerte Rahmenkonzeption verstanden" werden soll, sondern eben auch „als eine handlungsleitende normative Orientierung" (Mielke 2018, S. 29). Mit der hier als „Lehre" bezeichneten Tradition des gerechten Kriegs, so die Dresdner Programmformel, soll jenes zwar traditionsreiche, aber offensichtlich an der politischen Realität gescheiterte und historisch überholte Paradigma der ethischen Analyse legitimer Gewaltanwendung überwunden und ersetzt werden, das doch in unterschiedlichen Ausprägungen und Begründungszusammenhängen bis ins Völ-

kerrecht hinein mit die bedeutendsten Spuren hinterlassen hat.
An die Stelle der „Lehre" vom gerechten Krieg, die allzu oft nicht
zur eigentlich beabsichtigten *Limitierung* des Kriegs, sondern
vielmehr zu dessen *Legitimierung* herbeigezogen worden sei (vgl.
mit vielen anderen z. B. Hoppe 2007, S. 26ff.) habe stattdessen eine
eigentliche „Lehre" vom gerechten Frieden zu treten. Dabei müsse
zumindest ein wichtiges Charakteristikum der zu verabschie-
denden Konzeption auch im neuen Paradigma erfüllt sein: Das
im christlich-theologischen Begründungszusammenhang entwi-
ckelte Konzept des gerechten Friedens müsse anschlussfähig und
vermittelbar sein, nicht nur mit friedensethischen Auffassungen
anderer Religionen, sondern auch mit einer säkularen Debatte,
in der sich – es sei daran erinnert – bis heute nur äußerst selten
eine begriffliche Verschmelzung von Gerechtigkeit und Frieden
in einer Formel „gerechter Frieden" findet.

Mit der Friedensdenkschrift aus dem Jahr 2007 wollte der Rat der
Evangelischen Kirche Deutschland der Dresdner Programmformel
entsprechen (vgl. EKD 2007). Zweifellos kann der Text diesem
Anspruch in vielerlei Hinsicht gerecht werden, zumal im Bemühen,
der christlich-theologischen Begründung des vierdimensionalen
Friedensverständnisses, welches der Denkschrift zugrunde liegt,
jeweils eine säkulare Begründung zur Seite zu stellen. Auch die
Überzeugung, mit der Rede vom gerechten Frieden der überkom-
menen Tradition des gerechten Kriegs entgegenzutreten und diese
als abgelöst beziehungsweise abzulösen sichtbar werden zu lassen,
ist in der Denkschrift so tief verankert, dass die Absetzung gegenüber dem gerechten Krieg, wie Reiner Anselm festhält, „mitunter
auch polemisch" (Anselm 2018, S. 54) geschieht. Fraglos gäbe es
zahlreiche weitere Belege dafür, dass die Denkschrift von 2007,
aber auch das als „Afghanistan-Papier" rezipierte Dokument
„Selig sind die Friedfertigen" von 2013 (vgl. EKD 2013), mit dem
das Leitbild gerechter Friede vom Absender selbst einer Art Pro-

be aufs Exempel unterzogen werden sollte, die mit der Dresdner Forderung gestellte Aufgabe überaus ernst genommen haben. So hat sich etwa gezeigt, dass die Anschlussfähigkeit des Konzepts für den ökumenischen und interreligiösen Dialog unbestritten ist und diesbezüglich durchaus ergiebige Debatten ermöglicht worden sind (vgl. beispielsweise Werkner und Rademacher 2013 und selbstverständlich Werkner und Ebeling 2017).

Wie eingangs erwähnt, tritt ein Aspekt aber, der in direkter Verbindung mit dem hohen Anspruch der Dresdner Forderung gesehen werden kann, wie ein Wiedergänger früherer Zeiten immer dort wieder auf, wo über das Leitbild des gerechten Friedens debattiert wird. Immer aufs Neue konfrontiert einen die friedensethische Diskussion um den gerechten Frieden mit der Frage, was dieses Konzept an Orientierung, an normativer Aussagekraft zu leisten vermag. Die rhetorische Attraktivität und zumindest für die theologische Friedensethik intuitive Plausibilität des Konzepts gerechter Frieden stehen außer Zweifel. Allerdings ist es die Kehrseite dieser Attraktivität und Plausibilität, dass sie dazu verleiten, die Unschärfen des Konzepts und die verschiedenen Arten, wie dieses verwendet wird, auszublenden, sodass sich dessen Profil gerade dadurch immer wieder zu verwischen droht.

Dies gilt gleich auf zwei Ebenen, die für die weitere Diskussion wieder vermehrt auseinandergehalten werden müssen. Zum einen auf der begrifflichen Ebene: Was ist ein gerechter Friede? Worin besteht das „Mehr", welches dem Friedensbegriff mit dessen Qualifizierung als „gerecht" gleichsam hinzugefügt wird? Stimmt es überhaupt, dass diese Qualifizierung dem Friedensbegriff etwas Relevantes hinzufügt – wo doch zumindest für den christlich-theologischen Zusammenhang gilt, dass Frieden und Gerechtigkeit begrifflich zusammengehören, Frieden ohne Gerechtigkeit also nicht Frieden im vollen Sinn sein kann? Und zum anderen: Ist „Frieden" – und umso mehr „gerechter Frieden" – ein bloß deskriptiver Begriff oder wohnt dem Friedensbegriff selbst nicht bereits eine eigene Normativität, verstanden als handlungsleitende Orientierung, inne?[1]

Ein Ausblenden von Unschärfen droht aber auch dort, wo der theoretische Anspruch, der dem „gerechten Frieden" je nach Qualifizierung als Konzept, Theorie, Begriff oder eben als Lehre und als Leitbild eingeschrieben wird, keiner Klärung unterzogen wird. Denn dieser Anspruch, mithin der normative Gehalt der Rede vom gerechten Frieden, kann stark variieren, je nachdem, mit welchem der erwähnten Substantive der gerechte Frieden kombiniert wird – und er verschiebt sich erst recht, wenn vom gerechten Frieden in Aufnahme der kantischen Figur als „regulativer Idee" die Rede ist (vgl. dazu nicht zuletzt Huber 2005). Eine Klärung des theoretischen Anspruchs muss freilich nicht bedeuten, die Rede vom gerechten Frieden bezüglich ihrer normativen Leistungsfähigkeit der Interpretationsoffenheit berauben zu wollen. Im Gegenteil lässt sich treffend fragen, ob es nicht gerade diese Interpretationsoffenheit, diese Konsens wie Dissens zulassende Uneindeutigkeit des aus der Bezugnahme auf die Figur gerechter Frieden resultierenden Standpunkts ist, die einer protestantisch geprägten Friedensethik, die auf Vermittelbarkeit mit dem außerkirchlichen und außertheologischen Diskurs ebenso wie mit der politischen Realität zielt, angemessen ist. Dies freilich nicht mit dem Ziel, in einer Pluralität von Auffassungen bezüglich des richtigen Handelns das Wesen protestantischer Ethik nachweisen zu wollen, sondern im Wissen darum, dass „der Weg zum Konsens, das heißt zum gemeinsamen Urteil in Prinzipien, Regeln und konkreten Handlungssituationen" Zielpunkt jeder Interpretationsoffenheit

---

1   Ich habe mich an anderer Stelle (vgl. Strub 2010) ausführlich mit begrifflichen Fragen zum gerechten Frieden befasst und lege die dort diskutierten Gesichtspunkte diesem Beitrag zugrunde.

sein muss, dass dieser Weg entsprechend „aufgegeben bleibt" (Mielke 2018, S. 40). Auf solcher Interpretationsoffenheit zu insistieren, entspräche gerade dem Unterfangen, den theoretischen Anspruch, der mit der Rede vom gerechten Frieden als Konzept, Leitbild, Theorie oder Begriff einhergeht, zu klären. Auf die Frage nach dem Orientierungsvermögen eines so verstandenen Konzepts des gerechten Friedens lieferte diese Profilierung jedenfalls gewiss klärende Antwort. Bis zur Friedensdenkschrift der EKD von 2007 hielt sich der in Dresden formulierte Anspruch, es sei eine eigentliche Lehre vom gerechten Frieden zu entwickeln, in zahlreichen Dokumenten und Stellungnahmen sowie immer mal wieder auch in friedensethischen Abhandlungen, die auf den gerechten Frieden Bezug nahmen. Was mit einer Lehre genau gemeint ist, ist natürlich wiederum terminologisch nicht trennscharf eingegrenzt, ebenso wenig wie dies für die Rede von einer Theorie oder einem Konzept des gerechten Friedens gelten könnte. Nimmt man aber nur schon die begriffliche Analogie zur Rede von einer „Lehre vom gerechten Krieg" zum Nennwert, so lässt sich doch folgern, dass mit einer Lehre ein, in seinem Inhalt, seiner Begründung und seinem Anwendungsbereich doch einigermaßen abgeschlossenes, Ensemble von handlungsleitenden Prinzipien, Normen oder Regeln gemeint ist. Diese haben sich in ihrer je einzelnen Geltung, aber auch in ihrer systematischen Zuordnung beziehungsweise Bezogenheit, über die Zeit herausgebildet und sind bis zu einem gewissen Grad traditionell verankert. Für die auf die Scholastik zurückgehende Lehre vom gerechten Krieg mögen diese Merkmale zweifellos als erfüllt gelten.[2] Für eine eigentliche Lehre vom gerechten Frieden ließe sich Gleiches hingegen nur schwer behaupten.

---

2   Es ist allerdings darauf hinzuweisen, dass auch mit Blick auf den gerechten Krieg längst nicht überall und in allen Traditionen von einer eigentlichen Lehre gesprochen wird. Häufiger noch findet sich die Bezeichnung Theorie oder gar Tradition des gerechten Kriegs,

In der friedensethischen Debatte hat sich demnach, so scheint es, die Funktionsbestimmung des gerechten Friedens als friedensethisches *Leitbild* durchgesetzt. Das Hirtenwort der Deutschen Bischöfe aus dem Jahr 2000 (vgl. Die Deutschen Bischöfe 2000) bildet hierbei den Anfang, aber auch die EKD-Denkschrift von 2007 macht sich den Ausdruck des Leitbilds dann eingehend zu eigen. Dort wird zwar mehrheitlich, aber nicht ausschließlich der Ausdruck Leitbild verwendet. Daneben tauchen auch andere Konnotationen, etwa Leitgedanke oder Leitperspektive, auf (vgl. EKD 2007 sowie zu den Fundstellen wiederum Mielke 2018). Nicht adressiert bleibt in beiden kirchlichen Texten die Frage, wie bewusst der Terminus gewählt wurde. Geht die Minderung und Justierung des theoretischen Anspruchs, der mit einem Wechsel von der Suche nach einer Lehre vom gerechten Frieden hin zur Entfaltung eines Leitbilds einhergeht, auf eine reflektierte Entscheidung der Autorschaft zurück oder hat sie sich eher zufällig ergeben? Ist die Begriffswahl von philosophischen, im engeren Sinne metaethischen Überlegungen begleitet worden oder geschah sie gerade umgekehrt deshalb, weil es sich beim Ausdruck Leitbild um eine zwar breit anerkannte, aber eben doch hinreichend unspezifische Formel handelt, die von allen Beteiligten im jeweils situationsadäquaten Sinn verstanden werden kann?

Die Genese scheint weitgehend unbekannt, weshalb die genaue Intention nicht zu klären ist. Auch trifft sicher zu, dass nicht trennscharf abgegrenzt werden kann, was unter dem Ausdruck Leitbild zu verstehen ist und diesem eine konstitutive Unschärfe eigen ist. Dazu trägt bei, dass der Ausdruck zwar durchaus auch in philosophisch-ethischen Zusammenhängen auftaucht, letztlich aber doch relativ selten in der Literatur nach seiner eigentlichen

---

nicht zuletzt in jüngeren Auseinandersetzungen dieser Kriteriologie im angelsächsischen Raum (vgl. dazu nebst vielen anderen Haspel 2017).

Bedeutung gefragt wird. Eine eingehende Erörterung der Frage, was ein Leitbild als philosophischen Begriff charakterisiert und worin spezifische Gesichtspunkte liegen könnten, die mit seiner Verwendung im Blick auf die Orientierungsleistung des gerechten Friedens als Leitbegriff evangelischer Friedensethik betont werden, wird in diesem Band insbesondere im Text von Tobias Zeeb geführt (vgl. Beitrag Zeeb in diesem Band, S. 57-79). Drei Momente sind es, die dabei als Merkmale von Leitbildern besonders hervortreten: Zum einen der Umstand, dass ihnen eine *vermittelnde Funktion* zwischen Norm und Handlung zugeschrieben wird. Leitbildern kommt eine „verhaltenssteuernde Wirkung" (Brachfeld 1980, S. 224) zu, weil sie die relevanten Implikationen von Normen und Werten zu explizieren vermögen. Dies, zum zweiten, aufgrund der Tatsache, dass sie eben nicht direkt normativ sind, sondern *bildhaft* handlungsleitend wirken und daraus auch motivationale und legitimatorische Kraft schöpfen, obgleich ihnen eine konstitutive Unschärfe eigen bleibt.[3] Zum dritten schließlich sind Leitbilder *unabgeschlossene, prozesshaft* ermittelte Vorstellungsgebilde, die stets der Interpretation bedürfen, um innerhalb ihrer Adressatenschaft orientierend wirken zu können. Leitbilder können sich so als eine Art Messgröße, Zielvorgabe oder Richtschnur entfalten und als Orientierungsrahmen ethischen Urteilens bziehungsweise Bewertens dienen. Aber, so hält Zeeb (Beitrag Zeeb in diesem Band, S. 59f.) fest: „Als Grundlage tatsächlicher Handlungsorientierung ist auch das Leitbild nur denkbar als relationale und prozesshafte Orientierung" womit der stets unabgeschlossene und formbare, aber auch der letztlich partizipative und einer – wie es in der EKD-Denkschrift festgehalten wird – tätigen Praxis zugängliche Charakter von Leitbildern herausgestrichen wird. Es scheint daher nicht abwegig anzunehmen, dass es just die erwähnte konstitutive

---

3   Dazu auch Dicke 2001 und Mielke 2018.

Unschärfe des Leitbildbegriffs ist, die dessen Attraktivität für eine als dialogoffen, diskursiv und doch handlungsleitend angelegte Friedensethik ein Stück weit ausmacht. Bedeutsam ist in diesem Zusammenhang die Feststellung von Stegmaier, wonach Leitbilder gerade nicht eindeutige Orientierung vorgeben, sondern „Spielräume der Orientierung" eröffnen, die eben formbar und vermittelbar sind (Stegmaier 2001, S. 108). Auch ist Reiner Anselm zuzustimmen, der hervorhebt:

> „Die Klassifikation des gerechten Friedens als *Leitbild* ist sehr viel ernster zu nehmen als es mitunter in der plakativen Rhetorik von der Neuvermessung der evangelischen Friedensethik als einer Abwendung vom Krieg und einer Hinwendung zum Frieden den Anschein hat. Denn die Leitbild-Semantik, die aus der Unternehmensführung entlehnt ist, führt zum einen das Wissen um die Notwendigkeit partizipativer Verfahren beim Etablieren von Leitbildern, zum anderen die Bindung an eine bestimmte Unternehmenskultur, ein Ensemble also von Normen, Werten und Tugenden, mit sich" (Anselm 2018, S. 60).

Dieser Hinweis auf den prozesshaften Charakter dessen, was die Attraktivität und gewiss auch die Stärke des Agierens mit Leitbildern in der Welt der Unternehmen ausmacht, betont einen Aspekt, der auch in der philosophischen Auseinandersetzung mit der Bedeutung von Leitbildern zu finden ist. Er scheint mir im Blick auf die Rede vom gerechten Frieden deshalb wichtig, weil es ja zum friedenstheoretischen Konsens gehört, dass der Frieden, um den es in der Rede vom gerechten Frieden geht, eben kein statischer Zustand ist, sondern seinerseits, wie es in der Denkschrift unter Rückgriff auf Ernst-Otto Czempiel unterstrichen wird, ein „Prozess abnehmender Gewalt und zunehmender Gerechtigkeit" (Czempiel 1998, S. 59) ist. Wenn der gerechte Friede, der als Leitbild verstanden handlungsleitende Orientierung bieten soll, selber einen Prozess darstellt, so ist es folgerichtig, den handlungsleitenden Charakter dieser Orientierung eben gerade auch nicht in statischem Sinn als Lehre zu bezeichnen, sondern als etwas, das seinerseits prozessualen Charakter hat. In gewisser Weise kommt dem Leitbildbegriff für die friedensethische Orientierung das Verdienst zu, die durchaus voraussetzungsreiche Übertragung der deskriptiven Feststellung zum Prozesscharakter des Friedens in die normative Sphäre der Ethik zu erleichtern und so auch den theoretischen Anspruch, der mit der Rede vom gerechten Frieden als friedensethische Rahmenkonzeption einhergeht, zu justieren.

3   Eine ethische Kategorie?

Ein Leitbild mag in theoretischer Hinsicht den weniger hohen Anspruch ausweisen als eine eigentliche „Lehre", wie sie über lange Zeit mit der Rede vom gerechten Frieden in Verbindung gebracht worden ist. Gewiss aber erhöht dieser Umstand die Rezipierbarkeit und Anschlussfähigkeit des gerechten Friedens gerade für die außertheologische Debatte aber beträchtlich – wie es ja eine nicht unwichtige Forderung evangelischer Friedensethik darstellt. Dies, so meine ich, gilt zumindest dann, wenn der orientierende Anspruch, der einem Leitbild innewohnt, ernst genommen wird. Legt es sich vor diesem Hintergrund nahe, Leitbilder als eigene „ethische Kategorie" zu verstehen? Worin läge gegebenenfalls die spezifische Erschließungskraft einer solchen Einordnung? Und trüge es zur erwünschten Klärung der Funktion und des theoretischen Anspruchs bei, mit dem in der aktuellen friedensethischen Debatte vom Leitbild des gerechten Friedens die Rede ist?

Der Begriff der Kategorie gehört zu den schillernden Begriffen der Philosophie. Bekanntlich spielt er bei Aristoteles ebenso eine wichtige Rolle wie dies bei Immanuel Kant der Fall ist. Unzweifelhaft handelt es sich aber um einen Begriff, der als philosophischer

– und damit terminologisch anspruchsvollerer Begriff als es die
alltagssprachliche Verwendung impliziert – in erster Linie in den
Bereichen der Ontologie und der Erkenntnistheorie bedeutsam
geworden ist. Was die verschiedenen Kategorienlehren beinhalten und welche Rolle sie im Denken der jeweiligen Traditionen
einnehmen, soll hier nicht näher vertieft werden, zeigt sich doch,
dass der Begriff auf dem Gebiet der Ethik nur wenig verbreitet ist.

Wenn im Bereich der Ethik aber doch von einer Kategorie die
Rede ist, so geschieht dies auf einer anderen Ebene als jener, die
mit den bis hierher im Umfeld des Leitbildbegriffs angesprochenen
Begriffen wie Theorie, Paradigma oder Konzept gemeint sind. So
findet sich in der Literatur etwa der Verweis auf das Böse (bzw.
das Gute) als ethische Kategorie (vgl. beispielsweise Wolf 2002),
oder es ist von anderen evaluativen Begriffen die Rede, die als
ethische Kategorie bezeichnet werden. Anders als das, was der
Begriff Leitbild bezeichnet, bezeichnen diejenigen Begriffe, die
als „ethische Kategorie" verhandelt werden, inhaltlich bestimmte
evaluative Eigenschaften beziehungsweise „Entitäten", derweil ein
Leitbild eine prozedurale Dimension betont (dies zeigt sich etwa
daran, dass sich eine Institution der Langzeitpflege ebenso ein
Leitbild geben kann wie eine Sterbehilfeorganisation). Es ist, so
ließe sich verkürzt festhalten, mitunter der Leitbildprozess, also
das tauglich machen „der Begriffe zum Erfahrungsgebrauch" (Stegmaier 2001, S. 106), der die evaluative Dimension von Konzepten,
wie der gerechte Frieden sie darstellt, erst erschließt. Es ist dies
die zentrale Funktion, die dem Leitbild gerade dann zukommt,
wenn wir es mit einer Vorstellung wie dem gerechten Frieden zu
tun haben. Mit Werner Stegmaier gesprochen hieße dies, dass es
der Leitbildprozess ist – also das Festlegen dessen, was ein Leitbild
in evaluativer Perspektive fassbar machen soll –, der reich konno-
tierte Begriffe wie es Frieden und Gerechtigkeit fraglos sind, für
die Orientierung menschlichen Handelns nutzbar macht und jene

Spielräume eröffnet, die Verantwortung in der Welt und für die Welt erst möglich machen:

> „Denn lägen in der Erfahrung Begriffe definitiv fest, so hätten wir keine Spielräume, sie auf individuelle Umstände zu beziehen, und darum auch keine Spielräume, unsere eigenen Urteile zu fällen und aus eigener Verantwortung zu handeln. Die Spielräume der Orientierung sind nicht nur notwendig zur individuellen Einstellung auf individuelle Situationen, sondern auch zum individuellen Handeln in individuellen Situationen aus individueller Verantwortung. Ein Gebrauch der Vernunft ohne die Spielräume der Orientierung wäre ethisch nicht haltbar" (Stegmaier 2001, S. 109 f.).

Wenn ich recht sehe, gilt es folglich zu unterscheiden zwischen dem evaluativen Charakter jener Begriffe, die – wenn überhaupt – unter der Bezeichnung einer ethischen Kategorie auftauchen und dem prozeduralen Aspekt des Leitbildbegriffs. Dessen Funktion liegt unter anderem gerade im Erschließen des normativen Gehalts von Begriffen, Konzepten oder Werten für die Beurteilung individuellen und kollektiven Handelns. Damit bezeichnet der Begriff Leitbild doch etwas erheblich anderes als eine ethische Kategorie, weshalb beides nicht in eins gesetzt werden kann. Hingegen lassen sich Leitbilder im Gebiet der Ethik, wie auch immer ihre Funktion im Einzelnen bestimmt wird, gewiss als ein Typus, das heißt als eine Kategorie ethischer Orientierungsgrößen, bezeichnen, so wie es gleichermaßen für Kategorien wie Lehre, Theorie und andere gälte.

4 Für eine bewusste Rede vom Leitbild des gerechten Friedens

Es ist denkbar, dass der Leitbildbegriff für die gegenwärtige friedensethische Debatte weitaus bewusster gewählt wurde, als es zunächst erscheint. Jedenfalls spräche, so macht eine vertiefte

Auseinandersetzung mit dem Leitbildbegriff deutlich, vieles dafür – auch wenn sich zeigt, dass damit zugleich die Stärke und die Schwäche des Leitbildbegriffs herausgearbeitet wird, wie sie sich im Kontext des Afghanistan-Papiers exemplarisch manifestiert hat.

Zu den Aspekten, die für einen bewussten Gebrauch des Leitbildbegriffs sprechen, gehört nicht zuletzt, dass die Bezeichnung des gerechten Friedens als Leitbild es erlaubt, die ausgeprägte Normativität, die dem Konzept gerechter Frieden per se innewohnt, für eine konkrete Urteilsbildung im Raum des Politischen zu erschließen. Denn zweifellos zeichnet es das Konzept des gerechten Friedens aus, dass es in normativer Hinsicht mit einer sehr anspruchsvollen Programmatik einhergeht. Dies gilt für das Konzept an sich ebenso wie für die beiden Komponenten, die das Begriffspaar bilden. Hierin manifestiert sich ein Umstand, der zur Vielschichtigkeit des Konzepts gerechter Frieden hinzugehört, der aber gesondert zu bedenken ist, wenn die dem Konzept eigene Normativität reflektiert wird, die Tatsache nämlich, dass sowohl Gerechtigkeit als auch Frieden ausgeprägt normative Konzepte sind und als solche orientierend wirken können. So rückt das Konzept gerechter Frieden aufgrund der in ihm betonten begrifflichen Verschränkung von Frieden und Gerechtigkeit nicht bloß die Frage nach dem zugrunde gelegten *Friedens-*, sondern auch jene nach dem leitenden *Gerechtigkeitsverständnis* in den Blick. Legt man den Akzent auf das Wort Frieden und rückt man dessen normativen Gehalt ins Zentrum (vgl. dazu ausführlicher auch Fischer und Strub 2007), stellt sich allerdings unweigerlich die Frage, inwieweit ein Begriffspaar gerechter Frieden spezifisch Zusätzliches aussagt, wenn doch Gerechtigkeit zumindest in theologischer Perspektive immer schon mitgemeint ist, wenn ein zureichendes Verständnis des Friedens vertreten wird. In der Tat genügt aus diesem Grund der bloße Verweis darauf, dass das Konzept gerechter Frieden seine Normativität aus sich selbst bezieht, nicht, um es für die Analyse konkreter politischer Vorgänge zugänglich zu machen. Vielmehr bedarf es hierbei eines Zwischenschritts, den man als erschließende Vermittlung bezeichnen könnte. Hier, so zeigt sich, ist der systematische Ort, an dem der Leitbildbegriff zum Zug kommt.

Dies gilt auch, wenn man den Akzent im Konzept gerechter Frieden auf die Gerechtigkeit legt und betont, dass diese als elementarer Bestandteil des Friedens zu betrachten ist. Dies tun Dokumente der kirchlichen Friedensethik gemeinhin dann, wenn sie in Erinnerung rufen, dass der Begriff des gerechten Friedens theologisch im biblischen Verständnis des Friedens wurzle und dieses Gerechtigkeit immer schon beinhalte. In dieser Perspektive hebt das Adjektiv gerecht nun aber eigentlich nur ein Moment hervor, das im biblischen Verständnis des Friedens keine gesonderte Betonung erfährt, sondern zum Frieden schlicht hinzugehört. Von diesem weiten Verständnis des Friedens im Sinne einer umfassenden Wohlordnung ist Frieden als ein empirischer innerweltlicher Zustand zu unterscheiden. Ernst zu nehmen gilt es dabei in friedensethischer Perspektive weiterhin jene Stimmen aus der Friedens- und Konfliktforschung, die – als *friedenstheoretische* Position – infrage stellen, ob ein weiter Friedensbegriff, wie er für den theologischen Raum unstrittig ist, genügend operationalisierbar ist. Als empirischer Befund könnte von wirklichem Frieden dann nämlich nur da gesprochen werden, wo Gerechtigkeit verwirklicht ist. Doch ist die Realität der Konflikte unserer Zeit nicht komplexer, sodass – auch hierauf hat Reiner Anselm bereits hingewiesen – die Herausforderung ernst genommen werden muss, mit einem derart weiten Friedensverständnis, wie es der gerechte Frieden zugrunde legt, nicht selbst eher konfliktverstärkende Positionen zu befördern, als tatsächlich Wege zum Frieden anleiten zu können (dazu Anselm 2018, S. 55)? Nicht zuletzt werden ja soziale und politische Gerechtigkeit im Leitbild des gerechten Friedens zugleich als begriffliche Komponenten des Friedensbegriffs als auch als Bedingungen gelingenden Friedens aufgefasst. Freilich gehört die Verwirklichung sozialer und politischer Gerechtigkeit, wie Hans-Richard Reuter schreibt, in der Perspektive des gerechten Friedens „nicht zu den Anfangsbedingungen, sondern zu den Konsolidierungs- und Optimierungsbedingungen des Friedens" (Reuter 2007, S. 179). Der dezidiert an den Menschenrechten orientierte Ansatz des gerechten Friedens – der also die Geltung und die Durchsetzung der fundamentalen Menschenrechte als unhintergehbare normative Forderung und zentrales Legitimitätskriterium politischer Herrschaft zugrunde legt – führt dabei zu einem tendenziell gleichheitsorientierten Verständnis *politischer* Gerechtigkeit: Dies einerseits mit Blick auf das Postulat gleicher politischer Teilhabe und politischer Partizipation, die für alle Individuen gegeben sein müsse, andererseits mit Blick auf die allseits geteilte Überzeugung, wonach auch in einer am Begriff des gerechten Friedens orientierten Friedensethik jede legitime Friedensordnung als rechtsstaatlich verbürgte *Rechtsordnung* zu konzipieren sei.

Natürlich handelt es sich beim Bedenken, dass eine solchermaßen bestimmte Konzeption der Gerechtigkeit, die Frieden ausmache, konfliktverschärfend sein kann, in erster Linie um eine theoretisch gedachte Möglichkeit. Sie ist aber bewusst zu machen. Denn, Frieden – zumal gerechter Frieden – enthält als friedensethischer Leitbegriff stets einen Überschuss gegenüber dem, was innerweltlich zu realisieren ist. Jenseits der genannten Herausforderung wartet jedoch die Chance, just diesen Überschuss produktiv für den Frieden, wie er als analytischer, mithin empirischer Begriff zur Beschreibung innerweltlicher Zustände dient, nutzbar zu machen. Es ist die Aufgabe der *Friedensethik*, die Normativität ihrer leitenden Begriffe so zu explizieren, dass das Ideale dem Realen den Weg des Besseren zu weisen vermag. Anders ausgedrückt, die konstitutive Spannung zwischen Verheißung und Realität beziehungsweise zwischen Ideal und politischer Realität, welche das Konzept gerechter Frieden in sich selbst transportiert, fungiert immer schon als jener kritische Impuls, dessen Operationalisierung letztlich die zentrale Aufgabe friedensethischer Reflexion ist. Gerade weil Gerechtigkeit und Frieden, noch dazu ein weiter Friedensbegriff theologischer Prägung, aber in sich so anspruchsvolle normative Konzepte sind, hat der Leitbildbegriff für diese Aufgabe seine Berechtigung.

Die Friedensethik sollte dieses Potenzial nutzen. Dafür muss sie sich den Leitbildbegriff, als Kategorie ethischer Orientierungsgrößen, in reflektierter Form zu eigen machen. Dann, so meine ich, wird sie auch mit Situationen des differenzierten Konsenses leichter umgehen können. Und von der letztlich ja ohnehin jeder zeitgenössischen Ethik inadäquaten Vorstellung, es sei eine eigentliche Lehre – hier eine Lehre vom gerechten Frieden – zu entwickeln, könnte dann, dreißig Jahre nach Dresden, wahrscheinlich ebenfalls Abstand genommen werden.

Literatur

Anselm, Reiner. 2018. Kategorien ethischen Urteilens im Konzept des gerechten Friedens. In *Gerechter Frieden als Orientierungswissen,* hrsg. von Ines-Jacqueline Werkner und Christina Schües, 49-65. 2. Aufl. Wiesbaden: Springer VS.

Brachfeld, Otto. 1980. Leitbild. In *Historisches Wörterbuch der Philosophie.* Bd. 5, hrsg. von Joachim Ritter und Karlfried Gründer, Sp. 224-228. Darmstadt: WBG.

Czempiel, Ernst-Otto. 1998. *Friedensstrategien.* 2. Aufl. Opladen: Westdeutscher Verlag.

Die Deutschen Bischöfe. 2000. *Gerechter Friede.* Bonn: Sekretariat der Deutschen Bischofskonferenz.

Dicke, Klaus. 2001. Der Mensch und die Menschen. Anthropologische Leitbilder in der Politik. In *Leitbilder in der Diskussion,* hrsg. von Jürgen Dummer und Meinolf Vielberg, 11-31. Stuttgart: Franz Steiner Verlag.

Evangelische Kirche in Deutschland (EKD). 2007. *Aus Gottes Frieden leben – für gerechten Frieden sorgen. Eine Denkschrift des Rates der Evangelischen Kirche in Deutschland.* Gütersloh: Gütersloher Verlagshaus.

Evangelische Kirche in Deutschland (EKD). 2013. *„Selig sind die Friedfertigen". Der Einsatz in Afghanistan: Aufgaben evangelischer Friedensethik.* Hannover: Kirchenamt der EKD.

Fischer, Johannes und Jean-Daniel Strub. 2007. Die neue Friedensdenkschrift der EKD. *Zeitzeichen* 8 (12): 11-13.

Haspel, Michael. 2017. Der gerechte Krieg in der anglo-amerikanischen Debatte. In *Handbuch Friedensethik,* hrsg. von Ines-Jacqueline Werner und Klaus Ebeling, 315-325. Wiesbaden: Springer VS.

Hoppe, Thomas. 2007. Gerechtigkeit – Menschenrechte – Frieden. Zur Geschichte und Aktualität der Idee vom ‚gerechten Frieden'. In *Gerechtigkeit – Demokratie – Frieden. Eindämmung oder Eskalation von Gewalt?,* hrsg. von Peter Imbusch, 25-43. Baden-Baden: Nomos Verlag.

Huber, Wolfgang. 2005. Rückkehr zur Lehre vom gerechten Krieg? Aktuelle Entwicklungen in der evangelischen Friedensethik. *Zeitschrift für Evangelische Ethik* 49 (2): 113-130.

Körtner, Ulrich H. J. 2003. Ungereimtheiten im Konzept vom gerechten Frieden. *Zeitzeichen* 4 (4): 14-16.

Körtner, Ulrich H. J. 2006. Flucht in die Rhetorik. Der Protestantismus muss eine Friedensethik entwickeln, die heutigen Kriegen gerecht wird. *Zeitzeichen* 7 (9): 12-14.

Mielke, Roger. 2018. „Differenzierter Konsens?". Das Leitbild des gerechten Friedens und seine umstrittene Anwendung. In *Gerechter Frieden als Orientierungswissen.* hrsg. von Ines-Jacqueline Werner und Christina Schües, 27-48. 2. Aufl. Wiesbaden: Springer VS.

Ökumenische Versammlung für Gerechtigkeit, Frieden und Bewahrung der Schöpfung. 1989. Umkehr zu Gerechtigkeit, Frieden und Bewahrung der Schöpfung. Grundlegung. http://oikoumene.net/regional/dresden/dmd.3/index.html. Zugegriffen: 10. März 2018.

Reuter, Hans-Richard. 2007. Was ist ein gerechter Frieden? Die Sicht der christlichen Ethik. In *Der gerechte Friede zwischen Pazifismus und gerechtem Krieg,* hrsg. von Jean-Daniel Strub und Stefan Grotefeld, 175-190. Stuttgart: Kohlhammer.

Stegmaier, Werner. 2001. Die Funktion von Leitbildern in der Orientierung. Perspektiven der europäischen Philosophie. In *Leitbilder in der Diskussion,* hrsg. von Jürgen Dummer und Meinolf Vielberg, 93-111. Stuttgart: Franz Steiner Verlag.

Strub, Jean-Daniel. 2010. *Der gerechte Friede. Spannungsfelder eines friedensethischen Leitbegriffs.* Stuttgart: Kohlhammer.

Werkner, Ines-Jacqueline und Dirk Rademacher (Hrsg.). 2013. *Menschen geschützt – gerechten Frieden verloren? Kontroversen um die internationale Schutzverantwortung in der christlichen Friedensethik.* Berlin: LIT Verlag.

Werkner, Ines-Jacqueline und Klaus Ebeling (Hrsg.). 2017. *Handbuch Friedensethik.* Wiesbaden: Springer VS.

Werkner, Ines-Jacqueline. 2018. *Gerechter Frieden. Das fortwährende Dilemma militärischer Gewalt.* Bielefeld: transcript-Verlag.

Wolf, Jean-Claude. 2002. *Das Böse als ethische Kategorie.* Wien: Passagen-Verlag.

Theologische Verankerung des Leitbildes und friedensethische Maximenbildung

Tobias Zeeb

Einleitung

Der friedensethische Diskurs hierzulande entfaltet die Überlegungen zum gerechten Frieden an bedeutenden Stellen unter dem Begriff des Leitbildes. Als herausragendes Beispiel dafür kann die Denkschrift „Aus Gottes Frieden leben – für gerechten Frieden sorgen" (EKD 2007) gelten, die das „Leitbild des gerechten Friedens" als „stellvertretend für die ganze Gesellschaft formulierte[n] Konsens" (EKD 2007, Vorwort; vgl. zu diesem Anspruch auch Anselm 2017, S. 53; Mielke 2017, S. 31) begreift. Dabei knüpft sie an das Papier der Deutschen Bischofskonferenz „Gerechter Friede" (2000) und weitere frühere kirchliche Stellungnahmen an (vgl. Mielke 2018, S. 5; Strub 2010, S. 59). Hier lässt allerdings die oftmals diagnostizierte scheinbare Austauschbarkeit des Begriffes (vgl. etwa Mielke 2017, S. 30, FN 3) die Frage aufkommen, inwiefern der Begriff des Leitbildes selbst einen Mehrwert für die friedensethische Diskussion beinhaltet (vgl. Beitrag Strub in diesem Band). Es ist – daran anschließend – weiter nach den Konsequenzen zu fragen, die sich daraus für die Verknüpfung der in einem Leitbild

© Springer Fachmedien Wiesbaden GmbH, ein Teil von Springer Nature 2018   57
S. Jäger und J.-D. Strub (Hrsg.), *Gerechter Frieden als politisch-ethisches Leitbild*, Gerechter Frieden, https://doi.org/10.1007/978-3-658-21757-0_4

zusammengefassten ethischen Grundeinsichten mit den im Rekurs auf diese zu bestimmenden Handlungsoptionen ergeben. Denn nur wenn sich das Leitbild als auf Handlungsmöglichkeiten hin konkretisierbar erweist, kann der Begriff seinen ethischen Mehrwert auch behaupten.

Dies soll im Folgenden durch eine Betrachtung des Verhältnisses des Leitbilds zu den weiteren in der Argumentation verwendeten ethischen Grundvokabeln – Normen, Prinzipien, Grundsätzen, Maximen, Kriterien – geschehen. Denn gerade die Bestimmung dieses Verhältnisses könnte sich als hilfreich erweisen im Blick auf die Beantwortung der für die Tragfähigkeit des Leitbildes vom gerechten Frieden zentralen Frage nach dem, konkretes Handeln ermöglichenden, Konnex theologischer Fundierung, ethischer Grundsätze und den tatsächlich zu wählenden Handlungsoptionen. Daher sollen die folgenden Überlegungen unter diese Frage gestellt werden: Wie bestimmt sich das Verhältnis von Leitbild, Normen, Prinzipien, Grundsätzen und Maximen sowie Kriterien in Bezug auf Handlungsoptionen? Und welche Konsequenzen hat diese Zuordnung für die Bestimmung des friedensethischen Leitbildes? Um die genannten Begriffe in ein Verhältnis setzen zu können, das auf die gestellte Frage antwortet, wie das Leitbild und die um es herum gruppierten Begriffe sich zu Handlungsoptionen verhalten, soll zunächst der Fokus auf den Gebrauch der Begriffe Leitbild, Norm, Prinzip, Grundsatz, Maxime und Kriterium, sowohl im Allgemeinen als auch dann in der Denkschrift, gerichtet werden. In einem weiteren Schritt sollen diese versuchsweise in ein Modell (sozial-)ethischer Urteilsbildung eingeordnet werden, um so schließlich die Verknüpfung des Leitbildes mit den im Zuge seiner Entfaltung in Anspruch genommenen ethischen Vokabeln zu den Optionen des Handelns anhand dieses Modells schematisch darstellen zu können.

2   Verwendung ethischer Kategorien

2.1   Das Leitbild des gerechten Friedens

Zunächst soll kurz auf den Begriff des Leitbildes eingegangen werden, um so Anknüpfungspunkte für die Beantwortung der aufgeworfenen Frage aufzuzeigen. Zur grundlegenden Bestimmung des Leitbildbegriffs sei auf den Text von Strub in diesem Band verwiesen (Beitrag Strub in diesem Band, S. 37-55). Grundsätzlich wird auch hier von der Leistungsfähigkeit des Begriffs für die (nicht nur) friedensethische Argumentation ausgegangen (vgl. Beitrag Strub in diesem Band, S. 42). Als Annäherung an den Begriff des Leitbilds soll, an ältere und jüngere Definitionsansätze[1]

---

1   Als „Vorstellungsgebilde" oder „unbewusstes kognitives Schema" (Brachfeld 1980, Sp. 224), gekennzeichnet von einer gewissen begrifflichen Unschärfe (vgl. dazu auch Mielke 2017, S. 30; Stegmaier 2001), wird Leitbildern eine legitimatorische (Dicke 2001, S. 29), „verhaltenssteuernde Wirkung" zugeschrieben (Brachfeld 1980, Sp. 224). Sie nehmen somit eine „Mittelposition ein zwischen normenvermittelndem Wert und realer Erfahrung" (Brachfeld 1980, Sp. 224). Das Leitbild wird durch seinen bildhaften Charakter bestimmt (vgl. Stegmaier 2001, S. 94 u. ö.). Es könnte daher verstanden werden als ein „Bündel" von „das Handeln lenkend beeinflussende[n] bildliche Vorstellung[en]" (Vielberg 2001, S. 8 f.) oder auch als „Ensemble [...] von Normen, Werten und Tugenden" (Anselm 2017, S. 60). Als dieses bildhafte Bündel entfaltet ein Leitbild seine Orientierungsfunktion (Stegmaier 2001, S. 110) als „eine Art Messgröße, Zielvorgabe oder Richtschnur" und dient als „Orientierungsrahmen ethischen Urteilens bzw. Bewertens" (Beitrag Strub in diesem Band, S. 45). Das Handeln wird orientiert im Blick auf einen Erfahrungshorizont als Handlungsraum (vgl. Stegmaier 2001, S. 104). In diesem geht die Handlungsorientierung von einem bestimmten Standpunkt aus (vgl. Stegmaier 2001, S. 102 f.) und eröffnet einen „Spielraum der Orientierung zwischen Standpunkt und Horizont" (Stegmaier 2001, S. 104).

anknüpfend, vorgeschlagen werden, für diesen Zusammenhang Leitbild als *spezifische Konstellation ethischer Grunddispositionen* zu bestimmen, die in ihm zusammengefasst und aufeinander bezogen werden. Das Leitbild ist mit einem Träger- und einem Adressatenkreis verbunden, der nicht notwendigerweise mit dem ersteren zusammenfallen muss (Strub 2010, S. 62 f.), die das Leitbild gleichzeitig im Blick auf ihre Selbstbeurteilung und Orientierung heranziehen (vgl. Brachfeld 1980, Sp. 227). Im Falle des Leitbildes des gerechten Friedens wäre als aktive Trägerin etwa die EKD mit ihren Organen anzusprechen, die das Dokument verantwortete und ebenso, auf eine zunächst eher rezeptive Art und Weise, die Christinnen und Christen, aus deren Tradition heraus das Papier entwickelt wurde. Der Adressatenkreis sind nun zunächst die Christinnen und Christen, die sich, auf Basis ihrer Verbundenheit mit derselben Tradition, Orientierung von gerade einer kirchlichen Stellungnahme erhoffen. Hier fallen Träger und Adressaten also in eins. Darüber hinaus sind als Adressaten aber auch alle an der Thematik Interessierten anzusprechen, die in dem Leitbild einen Diskussionsbeitrag wahrnehmen können, der über christlich-ethische Binnendiskurse hinaus plausibel zu machen ist.

In diesem Sinne lässt sich der „Standort" des Leitbildes „an der unscharfen Grenze zwischen religiösen Akteuren und politischen Prozessen in einer ‚modernen' pluralistischen Gesellschaft" bestimmen (Mielke 2018, S. 63). Hier lässt sich die Nicht-Koinzidenz von Träger- und Adressatenkreis gerade als der spezifische Mehrwert eines Leitbildes als Beitrag eines Akteurs des pluralistisch verfassten Gemeinwesens begreifen, das sein ihm eigenes Deutungspotenzial erst dadurch entfaltet, dass es aus einer bestimmten, nicht von

---

Als Grundlage tatsächlicher Handlungsorientierung ist das Leitbild nur denkbar als relationale und prozesshafte Orientierung (vgl. im Blick auf das Leitbild des gerechten Friedens Anselm 2017, S. 60).

jedem Mitglied der Gesellschaft einnehmbaren Standpunkt aus formuliert und an eben jene, die diesen Standpunkt nicht teilen (können), gerichtet ist.

2.2   Zur begrifflichen Bestimmung von Norm, Prinzip, Grundsatz, Maxime und Kriterium

Mithilfe gängiger ethischer Kategorien wie Norm, Prinzip, Grundsatz, Maxime und Kriterium beschreibt die Denkschrift, wie das Leitbild des gerechten Friedens handlungsleitend wirksam wird. Eine klare Zuordnung der einzelnen Begriffe zueinander erfolgt im Rahmen der Denkschrift jedoch nicht. Auch die Beziehung zum Leitbildbegriff bleibt offen. Es sollen daher zunächst die genannten Begriffe in ihrem Bedeutungsgehalt in den Blick genommen und zueinander in Beziehung gesetzt werden, um dann ihren Gebrauch in der Denkschrift auf einige Schwerpunktsetzungen hin zu beleuchten. In einem weiteren Schritt soll dies und das zuvor im Blick auf den Leitbildbegriff Gesagte zusammengeführt und auf ein Modell (sozial-)ethischer Urteilsbildung zugespitzt werden. Auf diese Weise soll abschließend die Frage nach der Verbindung von Leitbild, Norm und Prinzip, aufgefasst als die Frage der Möglichkeit einer praktischen Handlungsorientierung ausgehend vom Leitbild, einem Versuch der Beantwortung zugeführt werden.

Der lexikalische Befund zeigt, dass sich für die zu untersuchenden ethischen Grundbegriffe nicht nur Definitionen und Abgrenzungen erheben lassen, sondern auch eine Vielzahl begrifflicher Querverbindungen zwischen ihnen besteht. So lassen sich etwa sowohl Maxime als auch Prinzip und Grundsatz in die Nähe des Begriffs „Axiom" rücken (Aubenque 1989, Sp. 1341; vgl. Bubner und Dierse 1980, Sp. 942). Zunächst soll jedoch auf die fünf Begriffe kurz je einzeln eingegangen werden:

Als Norm (*norma*) lassen sich etwa fassen: (a) „Standards und Beurteilungskriterien", (b) „konstituierende oder konstitutive Regeln" oder (c) „Handlungsvorschriften oder Sollensansprüche" (Steigleder 2011, Sp. 1627). So reicht das Bedeutungsspektrum des Begriffs vom rechtlichen über den technischen bis zum ethischen Bereich. In allen Fällen wird auf das Handeln, es in eine bestimmte Richtung lenkend, eingewirkt und ihm so Orientierung verliehen. In diesem Sinne kommt Normen eine vermittelnde Funktion zu. Sie setzen (erwünschte oder zu vermeidende) Handlungsziele in Beziehung zu den Werten, die durch sie verwirklicht werden sollen (vgl. Schrader 1984, Sp. 914). Dabei wirken Normen im Blick auf das Handeln verstetigend (Nassehi 2015, S. 3).

Prinzipien (*principium*) lassen sich als nicht ableitbare Axiome beschreiben (Aubenque 1989, Sp. 1341). Sie zeichnen verantwortlich für den „Zusammenhalt" und die „Seele" der Gedanken (Holzhey 1989, Sp. 1359; Leibniz 1921, I, 1, 46). Kant unterscheidet mehrere Formen von Prinzipien. Während die „Vernunftprinzipien" (Holzhey 1989, Sp. 1364) „in regulativer Weise den Verstandesgebrauch im Ganzen der Erfahrung nach Prinzipien" bestimmen (Holzhey 1989, Sp. 1364; Kant 2006 [1787], S. 378), spricht er aber auch von „moralisch-praktischen Prinzipien" (Kant 1974b [1790], S. 171 f.). Diese Prinzipien zeichnen sich aus durch die Verknüpfung eines „Wollen[s] [mit] einer Handlung" (Kant 1911 [1785], S. 420). Diese praktischen Prinzipien sind „für einen Willen nötigend" (Kant 1911 [1785], S. 413), also „Imperative" (Holzhey 1989, Sp. 1366). Dabei ist der kategorische Imperativ „oberstes praktisches Prinzip" (Kant 1974b [1790], S. 428). Das Prinzip stellt sich somit als oberster Grundsatz dar, der in die Nähe der Bestimmung einer grundlegenden Struktur bestimmter Handlungen rücken kann. Das Prinzip wirkt so auf das Handeln als solches ein, ohne allerdings einzelne Handlungen selbst zu bestimmen (Kant 1974a [1788], S. 21 f.), wie dies eher auf Normen zutreffen würde.

Zum Begriff des Grundsatzes ist an einschlägiger Stelle offenbar nicht mehr zu sagen, als dass er „durch Christian Wolff als Übersetzung von ‚Axiom' in die Philosophie- und Wissenschaftssprache eingegangen" sei (vgl. dazu und weiterführend auch: Regenbogen und Meyer 1998a, S. 275). Daher soll Grundsatz im Folgenden mit Prinzip verknüpft werden, auch wenn eine Parallelisierung zum Begriff der Maxime ebenfalls möglich scheint (vgl. Regenbogen und Meyer 1998a, S. 275).

Maximen, so Boethius, sind: „[h]öchste und oberste Sätze [...], die sowohl universal sind als auch derart bekannt und offenkundig, daß sie des Beweises nicht bedürfen, sondern vielmehr Sätze, die ihrerseits zweifelhaft sind, beweisen" (zitiert nach Bubner und Dierse 1980, Sp. 941). Was hier allgemein gesagt ist, kann mit David Hume in den Bereich des Politischen übertragen werden, nach dem eine Maxime ein „universal axiom in politics" sei (zitiert nach Bubner und Dierse 1980, Sp. 943). Mit den „Maximen und Reflexionen" Johann Wolfgang Goethes sei hier der „moralistische" Gebrauch des Schlagwortes Maxime als Übergang des Begriffes in ethische Sprache nur exemplarisch erwähnt. Im Unterschied zu einem Prinzip hält schließlich Kant fest, bei einer Maxime handele es sich um „die subjektive Regel, nach der man wirklich handelt" (Bubner und Dierse 1980, Sp. 943; vgl. Kant 1911 [1785], S. 822; Kant 2006 [1787], S. 527). Die Maxime wirkt in diesem Sinne – so zeigt auch der Kategorische Imperativ – direkter auf die Handlungen ein als das Prinzip. Sie setzt sich ihrer ursprünglichen Wortbedeutung nach allerdings wiederum von einem direkten Bezug zu tatsächlichen Handlungen durch ihre, diese ebenfalls unter einem ordnenden Prinzip zusammenfassende und plausibilisierende Funktion ab.

Ein Kriterium schließlich ist „Kennzeichen [...] [und] Prüfstein der Wahrheit" (Regenbogen und Meyer 1998b, S. 366). Es soll „zur Auffindung der Wahrheit dienlich sein" (Borsche 1976, Sp. 1247). Dergestalt dient das Kriterium als Instrument, das Handeln nach einem Grundsatz, einem Prinzip oder einer Maxime ausrichten zu können. Gleichzeitig ermöglicht ein Kriterium so sachgemäßes Handeln, indem es die Situation, in der zu handeln ist, auf bestimmte Faktoren hin befragt, die für eine ethische Handlungsorientierung von Relevanz sind.

Es ließen sich aus den in der Darstellung aufscheinenden Verbindungslinien zwischen den einzelnen Begriffen verschiedene Modelle einer Hierarchisierung ableiten – etwa Prinzip/Grundsatz, Maxime, Norm, Kriterium – oder es ließe sich eine Schematisierung zwischen den Polen von konkreter Handlung und höchster Abstraktion vornehmen. Beides wäre aber mit verschiedenen Schwierigkeiten behaftet, die schon bei der Uneinheitlichkeit der Begriffsverwendung in der Literatur und dem dadurch begrenzten Ertrag beginnen und bis zur Gefahr der starren Schematisierung im Sinne einer *Ethica Ordine geometrico demonstrata* reichen, die dem Prozess ethischer Urteilsbildung, wie er hier verstanden wird, diametral entgegensteht. Es scheint dagegen aufschlussreicher und zielführender, von verschiedenen Funktionen, Anwendungsbereichen oder unterschiedlichen Aspekten ethischer Urteilsbildung zu sprechen. Dessen ungeachtet können einige dieser Funktionen, etwa die des Prinzips, grundsätzlicher Natur sein als andere. Als Beispiel dafür mag etwa die bei Kant begegnende Verknüpfung von Prinzip und Maxime in der Formulierung des Kategorischen Imperativs, der selbst als Prinzip fungierend wiederum zur Bildung von Maximen anleitet, dienen.

Die im Folgenden analysierte Verwendung der Begriffe in der Denkschrift mag diesen Befund an ihrem Beispiel illustrieren.

2.3 Zur Verwendung der Begriffe Norm, Prinzip, Grundsatz, Maxime und Kriterium in der Friedensdenkschrift von 2007

Grundsätzlich zeigt die Durchsicht der Denkschrift einen in den oben in allgemeiner Weise skizzierten Begriffsbestimmungen nicht widersprechenden Gebrauch dieser ethischen Begriffe. Allerdings lassen sich einige Charakteristika erkennen, die etwa der Zuordnung der Begriffe zu bestimmten Aspekten oder Funktionen ethischer Argumentation ebenso Ausdruck verleihen, wie einem unterschiedlich direkten Handlungsbezug und einem größeren oder kleineren Grad an Allgemeinheit:

1. Normen können entweder im Sinne völkerrechtlicher Vorgaben verstanden werden (vgl. etwa EKD 2007, Ziff. 33, 85, 95, 104, 113 u. ö.) oder auch in einem allgemeineren Sinne auf die Handlungsorientierung bezogen werden (vgl. etwa EKD 2007, Ziff. 50, 77).

2. Prinzip erscheint als grundlegende Handlungsregel, die zum Teil mit völkerrechtlichen Grundsätzen in Verbindung gebracht (vgl. etwa EKD 2007, Ziff. 6, 25, 89, 114 u. ö.), zum Teil sehr allgemein gefasst wird (vgl. etwa EKD 2007, Ziff. 62, 80, 151, 164 u. ö.).

3. Grundsätze beschreiben in der Denkschrift ebenfalls höherstufige Regeln. Grundsatz dient als Sammelbegriff für spezifische (vgl. etwa EKD 2007, Ziff. 65, 145 u. ö.) oder unspezifische (vgl. etwa EKD 2007, Ziff. 75, 184 u. ö.) Grundstrukturen der Handlungsorientierung und kann mit Maxime parallelisiert (vgl. etwa EKD 2007, Ziff. 75) werden.

4. Maximen tauchen im Sinne von Handlungen grundsätzlich orientierenden grundlegenden Sätzen auf, deren Inhalt im Text auch expliziert wird (vgl. etwa EKD 2007, Ziff. 75). Einmal

kommt die handlungsleitende Funktion von Maximen allgemein zur Sprache (EKD 2007, Ziff. 111).

5. Als Kriterien schließlich werden völkerrechtliche Normen angesprochen (vgl. etwa EKD 2007, Ziff. 104, 158, 196), es wird aber auch auf spezifisch „ethische Kriterien" Bezug genommen (vgl. etwa EKD 2007, Ziff. 62, 98, 145, 196). Sehr konkret wird die Denkschrift im Blick auf die „Prüfkriterien", die sich aus der Transformation der Kriterien der *bellum iustum*-Tradition ergeben (vgl. EKD 2007, Ziff. 99-103).

Darüber hinaus kann von Kriterium auch in einem sehr allgemeinen Sinne gesprochen werden (vgl. etwa EKD 2007, Ziff. 122, 146). Die Funktion eines Kriteriums ist somit diejenige, Handlungen auf ihre Übereinstimmung mit dem friedensethischen Leitbild und namentlich mit den in seinem Rahmen entwickelten „Maximen und Grundsätzen" zu prüfen. Kriterien bilden damit die Brücke zwischen der Erfahrungswirklichkeit als Handlungsraum und der normativen Dimension menschlichen Handelns.

Insgesamt stehen diese Begriffe für die konkrete Umsetzung ethischer Einsichten in handlungsleitende Orientierung (vgl. etwa EKD 2007, Vorwort). Wenn, wie eingangs dargestellt, diese grundlegenden Einsichten als Leitbild im Sinne einer Konstellation ethischer Grunddispositionen bestimmt werden können, so muss in einem nächsten Schritt die Verknüpfung der untersuchten Begriffe mit demjenigen des Leitbildes selbst in den Fokus rücken. Von dort aus soll die theologische Verankerung des Leitbildes bestimmt werden, und diese insbesondere mit seinem Anspruch, aus dem christlichen Glauben heraus „Maximen und Grundsätze" als stellvertretenden Konsens für die ganze Gesellschaft zu entwickeln, in Beziehung gesetzt werden.

3   Das Leitbild des gerechten Friedens zwischen theologischer Einordnung und praktischer Anwendbarkeit

3.1   Das dreistufige Modell sozialethischer Argumentation bei Arthur Rich[2]

Aus der Perspektive protestantischer Sozialethik – verstanden als Basis auch der politischen Ethik (vgl. Rich 1984, S. 67) – hat Arthur Rich ein dreistufiges Schema der Gewinnung handlungsleitender ethischer Maximen beschrieben (vgl. Rich 1984, S. 169ff.; Fischer 1999, S. 151ff.), das sich auch für den Bereich der Friedensethik in Anschlag bringen lässt und das gerade im Blick auf die Frage nach der Gewinnung praktischer Handlungsorientierung mittels des Leitbildes weiterführende Hinweise zur Beantwortung der gestellten Leitfrage bereithält. Nicht zuletzt ermöglicht es die hier vorgenommene Einschaltung der Bekenntnisebene, die Bestimmung des Leitbildes um einen weiteren entscheidenden Aspekt zu vertiefen. In seiner Darstellung der „drei Ebenen der sozialethische[n] Argumentation" spricht Rich erstens von einer „Ebene der fundamentalen Erfahrungsgewißheit vom Humanen, der […] Bekenntnischarakter zukommt" (Rich 1984, S. 170). Diese Ebene geht der materialen Ethik voraus, bringt aber genau das entscheidende Moment einer aus dem christlichen Bekenntnis heraus formulierten Friedensethik zu Sprache, das über die bloße Struktur einer Handlungsorientierung hinausreicht. Es handelt sich um die mit der christlichen Existenz verbundene unverfügbare

---

2   An dieser Stelle sei Gotlind Ulshöfer, die im Zusammenhang der Entstehung dieses Beitrags auf das erläuternde Potenzial des Rich'schen Konzepts hingewiesen hat, sehr herzlich für diesen so weiterführenden Hinweis gedankt.

Gewissheit, in der die eigene Existenz als auf spezifisch christliche Weise bestimmt erfahren wird. Fischer bringt hier im Blick auf das Ethische in Weiterführung Richs die Rede von einer spezifischen „Gerichtetheit" (Fischer 1999, S. 158 f.) ein. Auf der zweiten Ebene werden nun „prinzipielle […] Kriterien" formuliert, die „obwohl am Absoluten oder Unbedingten der Erfahrungsgewißheit orientiert, das Menschengerechte derart artikulieren können, daß es auch ohne die Fundamentalprämisse verstanden, diskutiert und zur Anwendung gebracht werden kann" (Rich 1984, S. 170). Auf diese Weise könnte auch mit Recht von einem für die gesamte Gesellschaft formulierten Konsens gesprochen werden (EKD 2007, Vorwort). Auf einer dritten Ebene schließlich stehen „operationable […], kritisch hinterfragbare Normen, denen es obliegt, Absolutes und Relatives, Präskriptives und Explikation, das zu sollende Menschengerechte und das Situations- bzw. Sachgemäße derart zu vermitteln, daß sie praktikable Richtpunkte des Handelns herzugeben vermögen, die sich ethisch wie sachlich verantworten lassen" (Rich 1984, S. 170, vgl. dort auch die materiale Ausformulierung des Schemas im Sinne Richs eigener Ethik). Entscheidend ist bei der Entfaltung des Schemas, dass auch die mittleren Grundbausteine ethischer Orientierung nicht exklusiv christlich zu denken sind. Bei Rich steht an dieser Stelle die „Humanität aus Glauben, Hoffnung, Liebe", deren christliches Profil schon auf Grund der Zusammenstellung deutlich wird, die aber ebenso in einem nichtchristlichen Erfahrungshorizont zu stehen kommen kann (vgl. Rich 1984, S. 105ff.).

3.2 Einordnung des Leitbildes des gerechten Friedens in das Schema sozialethischer Argumentation

Gerade die Zuordnung dieser drei – ethisch oder anthropologisch zu entfaltenden – Grundbegriffe zueinander weist auf die oben vorgeschlagene Charakterisierung des Leitbildes als Konstellation ethischer Grunddispositionen. Es scheint daher sinnvoll, gerade diese Schematisierung zur Verortung des Leitbildes heranzuziehen, auch wenn Rich selbst den Leitbildbegriff nicht in der Weise für seine Trias in Anschlag bringt.

Dass die vermittelnde Funktion, die bei Rich der zweiten Ebene zukommt, sinnvoll mit dem Leitbildbegriff in Verbindung gebracht werden kann, lässt sich etwa auch durch die von Roger Mielke beschriebene Bezogenheit des Leitbildes sowohl auf religiöse „Traditionen, Praktiken und Semantiken des Friedens" als auch darauf, dass „das Leitbild über diese religiöse Einbettung hinaus[greift]" und den Anspruch erhebt, „im öffentlichen Vernunftgebrauch und damit auch im Raum politischen Handelns gerechtfertigt werden zu können" (Mielke 2018, S. 56) plausibilisieren.

Wenn nun der „Humanität aus Glauben, Hoffnung, Liebe" in Richs Schema die Funktion eines Leitbildes ethischer Orientierung zugeschrieben werden kann, das sich zwischen elementarer existenzbestimmender Glaubensgewissheit und materialer Ethik verortet, so kann es auch im Blick auf das Leitbild des gerechten Friedens zur Klärung der Frage nach der Verknüpfung von Leitbild und den ethischen Begriffen Prinzip, Maxime, Norm, Kriterium sowie derjenigen nach der theologischen Verankerung herangezogen werden.[3] Die Ebene des Leitbildes orientiert sich „am Absoluten der

---

3 Wobei allerdings auf die begriffliche Divergenz der hier vorgeschlagenen Bestimmung und Zuordnung der Begriffe verwiesen werden

Glaubensüberzeugung" (Rich 1984, S. 170), ist aber mit einem bloßen Abbild dieser nicht zu verwechseln. Es ist vielmehr auf Basis dieser Gewissheit und in der Absicht, sie handlungswirksam werden zu lassen, in einer Weise zu formulieren, die auch außerhalb der Gruppe der diese „persönliche Erfahrungsgewißheit" Teilenden verstanden werden kann (vgl. Rich 1984, S. 105; vgl. Fischer 1999, S. 152). So entsteht ein von einer Gruppe getragenes, nach außen kommunikables Leitbild, das nun auf einer dritten Ebene zur Lösung tatsächlicher ethischer Fragestellungen eingesetzt werden soll. Dazu bedarf es der – keinesfalls als Deduktion aus den vorherigen Ebenen zu verstehenden – Entwicklung von „praktischen Maximen" (vgl. Rich 1984, S. 170 f.) im Austausch mit sozialwissenschaftlichen Erkenntnissen oder etwa auch rechtswissenschaftlicher Expertise. Diese Maximen werden, in einem fortwährenden Prozess, gefunden, verworfen und weiterentwickelt, den Rich zwischen den Polen des „Sachgemäßen" und des „Menschengerechten" verortet (vgl. Rich 1984, S. 71ff.). Auf diese Weise wird innerhalb des durch das Leitbild auf der zweiten Ebene gesteckten Spielraums nach konkreter Handlungsorientierung gesucht. Diese lässt sich dabei weder aus dem Kontext der Problemstellung noch aus dem eröffneten Spielraum noch aus christlicher Glaubensgewissheit allein ableiten. Vielmehr wird ethische Orientierung als der Prozess beschrieben, in dem bestimmte Handlungsoptionen gewichtet und Begründungen für Entscheidungen für oder gegen sie entwickelt werden (dritte Ebene). Dies geschieht etwa mit Hilfe von mittels sozial- oder rechtswissenschaftlicher Methoden gewonnener Erkenntnisse, in dem durch das Leitbild eröffneten

---

muss. Bei Rich sind „Kriterien" auf der zweiten Ebene zu verorten und werden als „prinzipienhaft" beschrieben. Sie entsprächen hier also dem Inhalt des Leitbildes selbst. „Maximen", der zweite der Begriffe, die von Rich in Anschlag gebracht werden, beschreiben dagegen ganz allgemein Sätze, die „ethische Urteile in konkreten Sachfragen ermöglichen sollen" (vgl. Rich 1984, S. 170).

Spielraum (zweite Ebene), dessen spezifische ethische Topographie ausgehend von christlicher Glaubensgewissheit gezeichnet ist (erste Ebene). Das der ethischen Orientierung zugrundeliegende dreistufige Schema ethischer Urteilsbildung sieht sowohl deren Verankerung in prinzipiell unverfügbar bleibender Erfahrungsgewissheit als auch die konkrete, an guten Vernunftgründen und praktischer Erfahrung orientierte Findung von Handlungsmaximen als im Leitbild verknüpft. Das Leitbild stellt dabei den Spielraum dar, in dem konkrete Situationen im Licht einer existenziellen Gewissheit auf eine Weise bearbeitet werden können, die sowohl diese Gewissheit als auch die tatsächlichen situativen Herausforderungen zu Wort kommen lässt. Ein Leitbild lässt sich daher nicht auf eine Zusammenstellung ethischer Regeln reduzieren. Es determiniert nicht, sondern vielmehr ermöglicht Urteile, indem es die konkrete Situation und die existenzielle Gewissheit ins Gespräch bringt. In seiner Zwischenstellung ermöglicht der Leitbildbegriff gerade die Vermittlung von existenzieller, letztlich nicht direkt explizier- und reduzierbarer, sondern nur zu bezeugender, Glaubensgewissheit und konkreter ethischer Urteilsbildung. Die beschriebene Schematisierung ethischer Argumentation lässt sich auch in der Denkschrift erkennen. Am Beginn steht auch hier die Einsicht in die Grundlage allen christlichen Handelns in der die Existenz der Christinnen und Christen bestimmenden Gottesbeziehung (erste Ebene). In dem spezifischen Zusammenhang der Friedensethik lässt sich diese Gottesbeziehung etwa entfalten als Teilgabe an Gottes Frieden (Röm 5,1), der von den Christinnen und Christen selbst (weiter-) gestiftet werden soll (Mt 5,9). Aus dieser Motivation heraus, lässt sich das Leitbild des gerechten Friedens als Spielraum ethischer Urteilsbildung entwickeln (zweite Ebene). Es stellt wiederum den Ausgangspunkt dar, von dem aus Grundsätze formuliert und Maximen gebildet werden können (dritte Ebene). Diese Maximen und Grundsätze können auch ohne die erste Stufe Gültigkeit bewahren, da sie, von der ersten Stufe her ihre Motivation beziehend, nach den vernunftgeleiteten Regeln ethischer Argumentation zu formulieren sind. Dies lässt sich etwa anhand der vier Dimensionen des gerechten Friedens veranschaulichen, die ihre Rechtfertigung nicht einfach aus christlicher Existenzgewissheit ableiten können. Vielmehr sind sie mit Hilfe für alle einsichtiger Gründe zu vermitteln. Das bedeutet konkret: Christinnen und Christen erfahren sich in ihrem Glauben als an Gottes Frieden Teilhabende (Röm 5,1) und als damit beauftragt, Frieden zu stiften. Aus dieser Motivation und diesem Auftrag heraus begeben sie sich auf die Suche nach Wegen zum gerechten Frieden und können vor diesem Hintergrund die vier Dimensionen, als ihrem von christlicher Existenzgewissheit getragenem Auftrag entsprechend, bejahen und sich um deren ethisch-argumentative Entfaltung bemühen. Gesprächspartnerinnen und Gesprächspartner, die diese Existenzgewissheit nicht teilen, können aus anderen Gründen und Motivationen ebenfalls sich zur Verfolgung von Wegen zum gerechten Frieden verpflichtet wissen und vor diesem Hintergrund zu dem Schluss gelangen, dass die vier Dimensionen einen geeigneten Ausdruck ihres Anliegens darstellen und als Spielraum der Orientierung dienen. Die Möglichkeit zum Nachvollzug liegt dann allerdings in der ethisch-argumentativen Entfaltung und nicht primär in der Anerkennung und dem Respekt der christlichen Glaubensgewissheit gegenüber. Aus dem Beispiel erhellt, wie aus unterschiedlichen Motivationen, aus unterschiedlicher Existenzgewissheit heraus (entsprechend der ersten Ebene bei Rich), das Leitbild des gerechten Friedens als Element der eigenen ethischen - vielleicht kantisch oder utilitaristisch geprägten - Orientierung (auf der zweiten Ebene) angenommen werden kann. Diese eröffnet so einen gemeinsamen ethisch-argumentativen Grund, um schließlich (auf der dritten Ebene) zu konkreten Handlungsoptionen zu gelangen. So gewinnt christlich-ethische Argumentation an Sprachfähigkeit und Vermittelbarkeit. Das gilt insbesondere auch dann, wenn es sich bei dem auf der zweiten Stufe entwickelten Leitbild um ein genuin christliches handelt. Dadurch, dass es den Anspruch erhebt, unabhängig von der persönlichen Existenzgewissheit plausibilisierbar zu sein, kann es auch anders Argumentierenden zugänglich werden.

Denn gerade aus den Grundsätzen der zweiten Stufe der Argumentation werden nach Rich die tatsächlich handlungsleitenden Normen der dritten Stufe gebildet, deren Genese somit von dort aus einsichtig wird. Es zeigt sich hier, wie das Leitbild einen ethischen Verständigungsprozess in zwei Richtungen ermöglicht. Es ermöglicht, das von christlicher Überzeugung motivierte ethische Anliegen der Suche nach Wegen zu einem gerechten Frieden, in einer auch für Nicht-Christen akzeptablen Form, ins Gespräch zu bringen und sie in einer methodisch kontrollierten Weise ethisch zu operationalisieren, die für Diskursteilnehmerinnen und Diskursteilnehmer verschiedener motivationaler und existenzgewissheitlicher Ausgangslagen einsichtig zu machen ist. Gleichzeitig wird dadurch das Leitbild auch zugänglich für diejenigen, die gerade den (auf der dritten Ebene) entwickelten „Maximen und Grundsätzen" zustimmen können. Denn nicht nur auf Basis ihres auf argumentative Nachvollziehbarkeit angelegten Charakters bieten sie eine Gesprächsgrundlage, an die angeknüpft werden kann. Das Leitbild erfährt derart eine Stützung vonseiten sowohl der ersten als auch der dritten Ebene.

4 Friedensethische Konsequenzen und Handlungsoptionen

Das Gesagte formiert sich als Vorschlag einer Antwort auf die eingangs gestellte Frage nach der Verknüpfbarkeit des Leitbildes mit den ethischen Grundvokabeln Norm, Prinzip, Maxime, Grundsatz und Kriterium, die verstanden wurde als die Frage nach der tatsächlichen Leistung des friedensethischen Leitbildes bei der Gewinnung von handlungsleitender Orientierung. Diese Antwort wurde versucht im Horizont des, die theologische Einbettung des Leitbildes sowie seine ethischen Anwendbarkeit miteinander in Beziehung setzenden, Schemas (sozial-)ethischer Argumentation von Arthur Rich. Abschließend soll das Gesagte nochmals im Angesicht der Fragestellung gebündelt und sollen einige Konsequenzen angedeutet werden.

Oben wurde eine Bestimmung des Leitbilds als eine Konstellation ethischer Grunddispositionen vorgeschlagen. Gleichzeitig kann dem Leitbild eine vermittelnde Funktion zwischen diesen Grunddispositionen und der Erfahrungswirklichkeit, in der gehandelt werden muss, zugeschrieben werden, die sich als Orientierung auffassen lässt. Durch die bewusste Verknüpfung und Anordnung von ethischen Grundelementen zu einer Konstellation ethischer Grunddispositionen (Leitbild), kann diese mit den konkreten Situationen und Problemlagen, in denen sie gelebt werden und Gestalt annehmen sollen, ins Gespräch gebracht werden. Die Funktion des Leitbildes wäre es damit, Orientierung zu ermöglichen, indem es die ethischen Grundentscheidungen einer Gruppe, von denen eine handlungsleitende Orientierung erwartet wird, in Beziehung setzt mit der Situation, in der gehandelt – und sich über gemeinsames Handeln verständigt – werden muss.[4]

Damit zu verbinden ist meines Erachtens die Einsicht, dass hier der Konstruktion eines Gegensatzes widersprochen werden muss, der nach dem Muster von „Ideal und Wirklichkeit" das Wirkliche als defizitär brandmarkte und damit behauptete, eine ethische

---

4 In diesem Sinne hält etwa Stegmaier im Anschluss an Kant fest: Bildliche Vorstellungen, also Leitbilder, dienen dazu, „Begriffe ‚zum Erfahrungsgebrauche tauglich' [zu] machen. Ohne ‚irgend eine Anschauung' fehlten ihnen ‚Sinn und Bedeutung' im Gebrauch für die Welt" (Stegmaier 2001, S. 106).

Urteilsbildung, die sich auf die Vermittlung der Pole fokussiere, müsse so schon vom Ansatz her hinter ihrem gesteckten Ziel zurückbleiben. Denn es verhält sich keineswegs so, dass im Ideal die bessere Wirklichkeit läge, wobei in einem teleologisch-dialektischen Prozess ersteres in letztere zu überführen wäre. Vielmehr wird gerade durch die Betrachtung der Funktion des Leitbildes deutlich, dass ethische Orientierung nur im Gespräch beider Pole gewonnen werden kann. Daher wären vielmehr reine Ethiken des Ideals oder der Wirklichkeit im Blick auf ihre Orientierungsleistung als defizitär anzusprechen. In dieser Zwischenstellung des Leitbildes zwischen einer, mit Rich, Ebene persönlicher Erfahrungsgewissheit und den Erfordernissen einer vernunftgeleiteten und mit guten Gründen zu verteidigenden Handlungsentscheidung drückt sich dessen Irreduzierbarkeit beiden Polen gegenüber aus. Keine der drei Ebenen darf im Prozess ethischer Entscheidungsfindung übersprungen werden, um nicht etwa nur die Vermittlungsleistung innerhalb einer bestimmten Gruppe zu gewährleisten, sondern dies ebenso sehr über die Trägergruppe selbst hinaus zu ermöglichen, wie es auch bei Rich angelegt ist.

Von dem Leitbild selbst geht daher ein entscheidender Impuls der Orientierung aus, da es durch die Zusammenstellung ethischer Grunddispositionen die daraus abzuleitenden Prinzipien, Grundsätze, Maximen und Normen prägt. Das friedensethische Leitbild beinhaltet so eine Festlegung auf ein bestimmtes Set ethischer Grunddispositionen, das Orientierung durch diese Festlegung erleichtern kann, sie aber in jedem Fall in eine bestimmte Richtung lenkt.[5] Das heißt nicht, dass das Leitbild die Maximen

---

5 So schließt die Verschränkung von Frieden und Gerechtigkeit im Leitbild jeweils einige Konnotationen der jeweiligen Begriffe aus und bringt dafür andere besonders zur Geltung. Daraus lassen sich dann auch konkret bestimmte Handlungsoptionen zu Gunsten anderer bevorzugen. Orientierung wird somit möglicherweise nicht

determinierte oder lediglich ihre Gesamtheit abbildete. Es wirkt sich aber auf deren Auswahl und Gewichtung ebenso aus wie es deren Neuausrichtung immer wieder Raum gibt. So ist es beispielsweise nicht möglich, Maximen im Blick auf den Frieden aufzustellen, ohne die Gerechtigkeit mit in Rechnung zu stellen. Dies lässt sich etwa anhand der Wahl der vier Dimensionen des gerechten Friedens, die an Georg Picht und Dieter Senghaas anknüpfend, als „Vermeidung von Gewaltanwendung, […] Förderung von Freiheit und kultureller Vielfalt sowie […] Abbau von Not" (EKD 2007, Ziff. 80) zu bestimmen sind, illustrieren. Alle vier weisen eine deutlich erkennbare Prägung durch Prinzipien der Gerechtigkeit auf.

Im Sinne des Schemas (sozial-)ethischer Argumentation kann nachgezeichnet werden, wie – ausgehend von der Motivation christlicher Glaubensgewissheit auf der ersten Ebene – sich auf der zweiten Ebene das Leitbild des gerechten Friedens formiert, das in der Denkschrift, etwa mittels der erwähnten vier Dimensionen des gerechten Friedens, entfaltet wird. Diesen beiden Schritten folgt allerdings ein dritter, nämlich der – niemals abschließenden – Bestimmung tatsächlicher ethischer Handlungsorientierung. Diese wird formuliert mit Hilfe der behandelten ethischen Vokabeln. So geschieht dies etwa – unter dem Schlagwort Kriterium – im Blick auf die Frage nach den Möglichkeiten der Anwendung rechtserhaltender Gewalt, indem die Prüfkriterien der Lehre vom gerechten Krieg in Anschlag gebracht werden.

Das so nachgezeichnete Muster ethischer Argumentation zeigt eine Reihe von Verweisungsbezügen: Zunächst verankert der Rückbezug auf die christliche Existenzgewissheit das Leitbild theologisch, dann aber steht die Explikation des Leitbildes mittels

---

nur erleichtert, sondern sogar, im Sinne Stegmeiers, erst ermöglicht. Das Leitbild darf allerdings nicht als für alle Zeiten festgeschriebener Katalog missverstanden werden, sondern als (durch seine Struktur orientierter) Orientierungsraum ethisch qualifizierten Handelns.

nicht primär theologisch-ethischer Kriterien für dessen Kommunikabilität auch über den Kreis derjenigen, die von der ersten Ebene her ihre Motivation beziehen, hinaus. Beide Bezüge treffen sich auf der zweiten Ebene im Leitbild. Das Leitbild bringt damit letztlich das Modell einer ethischen Urteilsbildung in die öffentliche Debatte ein, die es vermag, ein von spezifisch christlichen Geltungsansprüchen getragenes und motiviertes Konzept für den Dialog mit auf Basis anderer Geltungsansprüche argumentierender und handelnder Gesprächspartnerinnen und Gesprächspartner zu öffnen, ohne dass dabei je eigene Geltungsansprüche aufgegeben werden oder außen vor bleiben müssten. Gerade darin kann die Orientierungsleistung gesehen werden, die durch die im Leitbild verschränkten Argumentationsebenen möglich wird. Wie konkrete, Handlungsorientierung ermöglichende und bereitstellende, ethische Entfaltung – in der Denkschrift mittels der Begriffe Norm, Prinzip, Grundsatz, Maxime und Kriterium – in Verknüpfung mit dem Leitbild selbst und dessen Einbettung in den Horizont einer theologischen Verankerung geschieht, sollte hier aufgezeigt werden.

Literatur

Anselm, Reiner. 2017. Kategorien ethischen Urteilens im Konzept des gerechten Friedens. In *Gerechter Frieden als Orientierungswissen,* hrsg. von Ines-Jacqueline Werkner und Christina Schües, 49-65. Wiesbaden: Springer VS.

Aubenque, Pierre. 1989. Art. Prinzip I. Antike. In *Historisches Wörterbuch der Philosophie*. Bd. 7, hrsg. von Joachim Ritter und Karlfried Gründer, Sp. 1336-1345. Wiesbaden: Wissenschaftliche Buchgesellschaft.

Borsche, Tilman. 1976. Art. Kriterium. In *Historisches Wörterbuch der Philosophie*. Bd. 4, hrsg. von Joachim Ritter und Karlfried Gründer, Sp. 1247-1249. Darmstadt: Wissenschaftliche Buchgesellschaft.

Brachfeld, Otto. 1980. Art. Leitbild. In *Historisches Wörterbuch der Philosophie*. Bd. 5, hrsg. von Joachim Ritter und Karlfried Gründer, Sp. 224-229. Darmstadt: Wissenschaftliche Buchgesellschaft.

Bubner, Rüdiger und Ulrich Dierse. 1980. Art. Maxime. In *Historisches Wörterbuch der Philosophie*. Bd. 5, hrsg. von Joachim Ritter und Karlfried Gründer, Sp. 941-944. Wiesbaden: Wissenschaftliche Buchgesellschaft.

Die deutschen Bischöfe. 2000. *Gerechter Friede*. Bonn: Sekretariat der Deutschen Bischofskonferenz.

Dicke, Klaus. 2001. Der Mensch und die Menschen: Anthropologische Leitbilder in der Politik. In *Leitbilder in der Diskussion*, hrsg. von Jürgen Dummer und Meinolf Vielberg. 11-31. Stuttgart: Franz Steiner Verlag.

EKD. 2007. *Aus Gottes Frieden leben – für gerechten Frieden sorgen. Eine Denkschrift des Rates der Evangelischen Kirche in Deutschland*. Gütersloh: Gütersloher Verlagshaus.

Fischer, Johannes. 1999. Humanität aus Glaube, Hoffnung, Liebe. Überlegungen zur Konzeption einer evangelischen Sozialethik im Anschluss an Arthur Rich. *Theologische Zeitschrift* 56 (2): 149-164.

Holzhey, Helmut. 1989. Art. Prinzip III. Neuzeit. In *Historisches Wörterbuch der Philosophie*. Bd. 7, hrsg. von Joachim Ritter und Karlfried Gründer, Sp. 1355-1366. Wiesbaden: Wissenschaftliche Buchgesellschaft.

Kant, Immanuel. 1911 [1785]. Grundlegung der Metaphysik der Sitten. In *Kant's gesammelte Schriften*. Bd. 4, hrsg. von der Berlin-Brandenburgischen Akademie der Wissenschaften. Berlin: Reimer.

Kant, Immanuel. 1974a [1788]. Kritik der praktischen Vernunft. In *Kant's gesammelte Schriften*. Bd. 5, hrsg. von der Berlin-Brandenburgischen Akademie der Wissenschaften. Berlin: Reimer.

Kant, Immanuel. 1974b [1790]. Kritik der Urteilskraft. In *Kant's gesammelte Schriften*. Bd. 5, hrsg. von der Berlin-Brandenburgischen Akademie der Wissenschaften. Berlin: Reimer.

Kant, Immanuel. 2006 [1787]. *Kritik der reinen Vernunft*. Stuttgart: Reclam.

Leibniz, Georg Wilhelm. 1921. *Nouveaux Essais sur l'entendement humain*. o. O.: Ernest Flammarion.

Mielke, Roger. 2017. „Differenzierter Konsens?" Das Leitbild des gerechten Friedens und seine umstrittene Anwendung. In *Gerechter Frieden als Orientierungswissen*, hrsg. von Ines-Jacqueline Werkner und Christina Schües, 27-48. Wiesbaden: Springer VS.

Mielke, Roger. 2018. Frieden und Gerechtigkeit. Überlegungen zu ihrem Verweisungszusammenhang im Horizont der christlichen Tradition. In *Frieden und Gerechtigkeit in der Bibel und in kirchlichen Traditionen*, hrsg. von Sarah Jäger und Horst Scheffler, 53-76. Wiesbaden: Springer VS.

Nassehi, Armin, Irmhild Saake und Jasmin Siri. 2015. Ethik – Normen – Werte. Eine Einleitung. In *Ethik – Normen – Werte*, hrsg. von Armin Nassehi, Irmhild Saake und Jasmin Siri, 1-9. Wiesbaden: Springer VS.

Regenbogen, Arnim und Uwe Meyer. 1998a. Art. Grundsatz. In *Wörterbuch der philosophischen Begriffe*, hrsg. von Arnim Regenbogen und Uwe Meyer, 275. Hamburg: Felix Meiner.

Regenbogen, Arnim und Uwe Meyer. 1998b. Art. Kriterium. In *Wörterbuch der philosophischen Begriffe*, hrsg. von Arnim Regenbogen und Uwe Meyer, 366. Hamburg: Felix Meiner.

Rich, Arthur. 1984. *Wirtschaftsethik. Grundlagen in theologischer Perspektive*. Gütersloh: Gütersloher Verlagshaus Gerd Mohn.

Schrader, Wolfgang H. 1984. Art. Norm II. Ethik. In *Historisches Wörterbuch der Philosophie*. Bd. 6, hrsg. von Joachim Ritter und Karlfried Gründer, Sp. 910-918. Darmstadt: Wissenschaftliche Buchgesellschaft.

Stegmaier, Werner. 2001. Die Funktion von Leitbildern in der Orientierung. Perspektiven der europäischen Philosophie. In *Leitbilder in der Diskussion*, hrsg. von Jürgen Dummer und Meinolf Vielberg, 93-111. Stuttgart: Franz Steiner Verlag.

Steigleder, Klaus. 2011. Art. Norm. In *Neues Handbuch philosophischer Grundbegriffe*. Bd. 2, hrsg. von Petra Kolmer, Sp. 1627-1638. Freiburg: Alber.

Strub, Jean-Daniel. 2010. *Der Gerechte Friede. Spannungsfelder eines friedensethischen Leitbegriffs*. Stuttgart: Kohlhammer.

Vielberg, Meinolf, Götz Hartmann und Jürgen Dummer. 2001. Vorwort. In *Leitbilder in der Diskussion*, hrsg. von Jürgen Dummer und Meinolf Vielberg, 7-10. Stuttgart: Franz Steiner Verlag.

Friedenspraxis
Der Praxisbezug der Friedensdenkschrift

Christina Schües

1 Einleitung

In der Ideengeschichte finden wir unterschiedliche Motive, die Menschen zur Philosophie, zur Friedensphilosophie oder zur Praxis, sich für einen Frieden einzusetzen, führen. Wenn das Erstaunen (*taumazein*) für den (platonischen) Sokrates der Anfang der Philosophie ist, so ist mit Dolf Sternberger (1997, S. 8) „das Erschrecken der Anfang der Friedensphilosophie". Und für Immanuel Kant bedeutet die Zuwendung zum zukünftigen Frieden die Übernahme einer „Aufgabe". Sie umfasst die Gestaltung einer „Denkungsart" und staatlichen Verfassung (Kant 1977 [1796], Art. 6). Friedensphilosophie beruht somit auf einem Denken, das vom Frieden ausgeht, sich von der Erfahrung beunruhigen lässt und auf die Exploration von Friedensauffassungen und -ordnungen abzielt. Die Friedenspraxis ist eine Praxis, die auf unterschiedlichen (mehr oder weniger überzeugenden) Theorien, Gerechtigkeitskonzeptionen oder Forschungsansätzen beruht, von einem Miteinanderhandeln und -kommunizieren der Menschen, Institutionen und Länder abhängt und letztendlich stets „Frieden" als Weg und

© Springer Fachmedien Wiesbaden GmbH, ein Teil von Springer Nature 2018   81
S. Jäger und J.-D. Strub (Hrsg.), *Gerechter Frieden als politisch-ethisches Leitbild*, Gerechter Frieden, https://doi.org/10.1007/978-3-658-21757-0_5

Ziel vor Augen hat.[1] Die Friedensforschung, sei sie eine Friedens-
oder Kriegsursachenforschung, ist nicht nur eine kommunikativ
schwierige Angelegenheit unterschiedlicher Disziplinen, sondern
sie unterliegt auch Kontroversen über methodische Grundeinstel-
lungen und unterschiedlichen Wissenschaftsidealen hinsichtlich
der Frage der Normorientierung beziehungsweise (vermeintlichen)
Wertneutralität (vgl. Schlichte 2011, S. 81; auch Jaberg 2009).

In der Friedensdenkschrift der Evangelischen Kirche in Deutschland (EKD 2007) wird der Frieden als gerechter Frieden verstanden.
Dieses Verständnis bedeutet, ihn in eine bestimmte moralische
Ordnung zu stellen. Dem Motiv *si vis pacem para pacem* und dem
Leitbild des gerechten Friedens liegen die tiefen Überzeugungen
zugrunde, dass Frieden mehr sei als Gewaltfreiheit. Diese Überzeugung bezieht Erfahrungen mit ein, beruht aber nicht notwendig
auf ihnen. Sie wird durch die Erinnerungen an die Gräueltaten
und Verletzungen der Weltkriege des 20. Jahrhunderts wesentlich
gestärkt. Die Überzeugung, dass Frieden mehr als Gewaltfreiheit
sei und dass ein gerechter Frieden für seine normative Rechtfertigung letztendlich auch ohne Erfahrung oder empirische Studien
auskommen könnte, ist Grundvoraussetzung für die Beantwortung der Frage nach dem Praxisbezug der Friedensdenkschrift.
Als Teil einer Friedenspraxis scheint es immer wieder geboten,
mit Friedensappellen oder -denkschriften daran zu erinnern,
dass die Aufgabe, für einen gerechten Frieden zu sorgen, einem
jeden obliegt. In dieser moralischen Einstellung hat auch der
Rat der EKD (2007) sein Leitbild des gerechten Friedens vorgestellt, mit dessen Hilfe verschiedene Kontexte, etwa der Einsatz
in Afghanistan, reflektiert wurden. Inwiefern Friedensforschung

---

1   Von einer weiteren Aufzählung von Strategien, die z. T. auch unter
     einer Friedenspraxis firmieren, wie etwa die Abschreckungsdoktrinen,
     werde ich hier absehen.

wert- und normorientierend durchgeführt beziehungsweise als Expertise für politische Entscheidungen auftreten soll, wurde in den letzten Jahrzehnten kontrovers diskutiert. Hinsichtlich der Friedensdenkschrift selbst scheint es mehr Klarheit zu geben, sie tritt von vornherein mit einem normativen Leitbild und als prädikative Schrift auf. Aber welchen Praxisbezug sie hat oder haben könnte, ist zwar anhand von Aufgaben- und Rollenzuschreibungen angesprochen (EKD 2007, Kap. IV), aber nicht wirklich geklärt. Die Rolle von Erfahrungen und die Frage, welches Verständnis von Friedenspraxis vorliegt, bleibt ungeklärt. Für die Klärung dieser Fragen ist wohlgemerkt die Annahme eines gegensätzlichen oder dualistischen Verhältnisses zwischen Theorie und Praxis oder zwischen Norm und Anwendung irreführend.

Folgende Fragen werden in diesem Beitrag besprochen werden: Welches Grundverständnis von Praxis liegt vor, wenn wir von Politik oder der Friedensdenkschrift sprechen? Wie kann die Friedensdenkschrift als Friedenspraxis orientieren? Und welche Rolle spielt hier die Erfahrung? Soll die Friedensdenkschrift zu bestimmten Thematiken, etwa in aktuellen Konfliktsituationen das Handeln und Urteilen in der Praxis orientieren; also soll sie im Sinne von praxisbezogenen Empfehlungen verwendet werden? Die Evangelischen Kirche selbst würde diese Frage mit einem deutlichen Ja beantworten; ist aber dieses Ja gerechtfertigt?

Im Folgenden werden zuerst drei Einsatzorte für die Umsetzung der Aufgabe, den Frieden zu gestalten, vorgestellt: zunächst die historische Perspektive „Nie wieder Auschwitz", dann ein Blick, der ein Denken und Handeln vom Frieden her beinhaltet, und schließlich die Vorstellung einer christlichen Friedensethik.

2 Einsatzorte für die Gestaltung des Friedens

2.1 Die historische Perspektive „Nie wieder Auschwitz"

Am Anfang der Friedensdenkschrift (2007) wird eine Erschütterung angesprochen; es ist

> „die Erschütterung über die Verwüstungen des Zweiten Weltkriegs, Beginn und Verlauf des Ost-West-Konflikts, die Auseinandersetzungen über Wiederbewaffnung und allgemeine Wehrpflicht, die wechselseitige Abschreckung mit atomaren Waffen und die wachsende Aufmerksamkeit für den Nord-Süd-Konflikt – all das waren wichtige Gegenstände kirchlicher Urteilsbildung" (EKD 2007, Vorwort).

Diese unfassbaren Ereignisse unserer Vergangenheit werden in der Denkschrift zu „wichtigen Gegenständen der kirchlichen Urteilsbildung" erhoben. Mir scheint die Erschütterung über diese historische Zeit ist der emotionale – auch moralische – Ausdruck angesichts des Ungeheuerlichen, das sich damals zutrug. Die Erschütterung war eine Reaktion auf die Zerstörung Europas durch die Gräueltaten des Naziregimes, vor allem auf den „entschlossenen Versuch der Ausrottung" der Juden, Homosexuellen, Menschen mit Behinderungen (Arendt 1948, S. 9). Diese Ereignisse haben den „Boden der Tatsachen in einen Abgrund verwandelt" (Arendt 1948, S. 9). Angesichts dieses Abgrunds wurde in der Nachkriegszeit die stickige Atmosphäre der Abschreckungsdoktrin errichtet und weitere Kriege in der Welt angezettelt. Schien nach der Zeit des Nationalsozialismus das Denken in den Abgrund herabgezogen und seine Kategorien zerbrochen, so galt die „Forderung, daß Auschwitz nicht noch einmal sei" (Adorno 1969, S. 88) als erste normativ nachvollziehbare Antwort auf eine Erfahrung, die sich Worten entzieht. Wie aber kann diese Ungeheuerlichkeit in einem Satz mit allgemeinen Konflikten genannt und zu „Gegenständen kirchlicher Urteilsbildung" erklärt werden? Braucht es nicht für solch ein Formulieren bereits eine Art kritische Selbstreflexion und eine Untersuchung, welche die „Mechanismen erkennen, die die Menschen so machen, daß sie solcher Taten [Genozid, Mord, Folter, die Verf.] fähig werden" (Adorno 1969, S. 90)? Es gilt, die Mechanismen zu erkennen, die zu wirtschaftlichen und politischen Systemen führen, in denen Ungerechtigkeiten und Unterdrückungen, etwa Machtlosigkeit, Kulturimperialismus, Ausbeutung, Marginalisierung oder Gewalt, vorherrschen (Young 1996, S. 99ff.). Diese Überlegungen von Theodor W. Adorno oder Iris Marion Young laufen darauf hinaus, dass eine Friedenspraxis auch darin besteht, diese Mechanismen zu erkennen, aufzuzeigen und zu verhindern trachten, gerade damit nicht *nur* von der Normativität des Leitbildes her gedacht wird und die Frage lebendig erhalten wird, wie es dazu kam, „Nie wieder Auschwitz!" zu skandieren. Diese kritische und fragende Selbstreflexion sowie die Frage, in welcher erkenntnistheoretischen Perspektive gedacht werden soll, berühren sowohl Friedensethik, Friedensforschung als auch Friedenspraxis. Ob eine, wohlgemerkt kirchliche, Urteilsbildung diese drei Annäherungen bereits voraussetzt, scheint mir ungeklärt.

2.2   Denken und Handeln vom Frieden her

Si vis pacem para pacem (Wenn du den Frieden willst, bereite den Frieden vor) hatte Günther Anders in seiner Ansprache auf dem 3. Forum der Krefelder Initiative am 17. September 1983 in Bad Godesberg als Ratschlag verkündet. Dieser Leitspruch enthält genau diese dreifache Perspektive: Friedensethik, Friedensforschung und Friedenspraxis. Sie vereinigen sich im Gebot „Friedenssabotierer sabotieren" (Anders 1984, S. 19) und „vom gerechten Frieden her denken" (EKD 2007, Ziff. 73). Diese Perspektiven enthalten epistemische und ethische Orientierungen und dienen als Ausgangsmöglichkeiten für die Aufgabe, den Frieden zu gestalten. Diese Aufgabe, die nicht auf einer bestimmten historischen Erfahrung beruht, initiiert ein Denken und Handeln vom Denken des Friedens her und auf ihn hin, was die Bereitschaft zum Miteinander, zur Versöhnung und zum Vertrauen fördert, aber auch die Arbeit an Rechtsverbindlichkeit und Begründungsverpflichtung beinhaltet. Diese Annäherung fordert dazu auf, Aspekte der Friedensdenkschrift, wie etwa die Affirmation zur rechtserhaltenden Gewalt, immer wieder erneut zur Diskussion zu stellen und auf ihre Legitimation hin zu überprüfen.

2.3   Die Perspektive einer christlichen Friedensethik

Eine weitere Perspektive wird gleich am Anfang des sogenannten Afghanistanpapiers, der Stellungnahme der Kammer für Öffentliche Verantwortung der EKD aus dem Jahr 2013, deutlich. „Selig sind die Friedfertigen, denn sie werden Gottes Kinder heißen" (Mt 5,9). In diesem Zitat aus dem Matthäusevangelium wird die normative Perspektive einer christlichen Friedensethik zum Ausdruck gebracht. Mit dem Anspruch einer christlichen Friedensethik hat auch der Rat der Evangelischen Kirche die Friedensdenkschrift verfasst und ihr das biblische Segenswort „Der Herr erhebe sein Angesicht auf dich und gebe dir Frieden" zur Seite gestellt (EKD 2007, Vorwort). Explizit fordert die Grundsatzäußerung den „Frieden wahren, fördern und erneuern" ein Einmischen der evangelischen Kirche in den politischen und ethischen Diskurs. Die Kirchen selbst werden hier, ohne eine empirische Ausgangslage vorweisen zu wollen, zum Ausgangsort einer bestimmten Friedenspraxis.

Diese einführenden Beobachtungen zeigen, dass die drei Einsatzorte für eine Friedenspraxis, die den Frieden zu gestalten beansprucht, sowohl epistemische als auch normative Aspekte beinhaltet. Epistemische Aspekte sind auf die Erkenntnislage bezogen und normative Aspekte beruhen auf moralischen Haltungen und auf Norm setzenden Grundüberzeugungen. Diese drei genannten Einsatzorte bilden die Hintergrundfolie für die folgenden Fragen über das Verhältnis zwischen der Friedensdenkschrift und einer Friedenspraxis, die von dem Leitbild des gerechten Friedens beeinflusst und auf der Grundlage dessen beurteilt wird.

3 Praxis – was heißt das? Theorie und Erfahrung, Handeln, Denken und Urteilen

Im Zusammenhang der Friedensdenkschrift geht es um sehr unterschiedliche Erfahrungsdimensionen, theoretische Kontexte und Aufgaben. Es sind die Akteurinnen und Akteure zu nennen, die an der Entwicklung, Verfassung und Konkretisierung der Denkschrift mitgewirkt haben und den Friedensdiskurs selbst immer noch mitgestalten. Unterschiedliche Institutionen und Friedensaufgaben werden in der Friedensdenkschrift angesprochen und entwickelt. Die Friedensdenkschrift soll bei der Interpretation von Situationen helfen, stellt interpretativ zu verhandelnde Kriterien bereit, möchte sich einmischen und normativ sowohl auf die Praxis als auch auf das Handlungsfeld unterschiedlicher politischer und institutioneller Akteurinnen und Akteure einwirken.

Der Weg einer Praxis im Sinne einer politischen Praxis und einer Friedenspraxis beinhaltet eine Öffnung zur Pluralität, in der jeder Mensch sowohl als politisch gleich, dennoch unterschiedlich von allen anderen Menschen, gesehen wird (Arendt 1987). In der Pluralität haben die Menschen aufgrund und mit ihren unterschiedlichen (erfahrungsgesättigten) Sichtweisen die Chance, miteinander politisch, also gesellschaftlich gestaltend, zu handeln und zu sprechen. Die historisch und kulturell unterschiedlichen Verständnisse eines gerechten Friedens sind eingebettet in die jeweiligen lebensweltlichen Wissens- und Normkontexte. Die entsprechenden normativen Leitperspektiven sind hierbei nicht einfach das Ziel des gerechten Friedens, sondern vor allem an die Frage gebunden, was es heißen könnte, vom gerechten Frieden her zu denken. Und diese Frage fordert und initiiert sowohl eine epistemische wie auch eine ethische Praxis!

Im Rahmen einer politischen Philosophie stellt Cornelius Castoriadis (1990, S. 128) das Konzept der Praxis als ein besonderes Feld vor:

> „Praxis nennen wir dasjenige Handeln, worin der oder die anderen als autonome Wesen angesehen und als wesentlicher Faktor bei der Entfaltung ihrer eigenen Autonomie betrachtet werden. […] In der Praxis gibt es etwas, das *zu tun ist*. […]. Praxis ist, was die Entwicklung der Autonomie bezweckt und dazu die Autonomie benützt."

Der neu eingeführte Begriff der Autonomie kann hier verstanden werden als der Hinweis darauf, dass Praxis mit anderen Menschen *als* Menschen und nicht mit Objekten oder Spielfiguren zu tun hat. Sie haben auch ihre jeweiligen Freiheiten, ihr Leben und sind in Beziehungen eingebunden. Sie stehen einem nicht einfach gegenüber, sondern sie sind auch immer mit einem auf der Welt. Und weil Andere keine Objekte sind und weil „unsere konkreten Beschlüsse […] sich nicht auf restlos fixierte Sinngehalte" richten lassen (Merleau-Ponty, 1966, S. 153) lässt sich auch „die Praxis […] nicht auf ein Zweck-Mittel-Schema zurückführen. Das Zweck-Mittel-Schema ist vielmehr gerade ein Kennzeichen technischer Tätigkeit, denn nur diese hat es mit einem wirklichen Zweck zu tun, einem Zweck

[fin], der ein Ziel [fin] ist" (Castoriadis 1990, S. 129). Praxis bedeutet also kein Handeln im Sinne einer technischen Tätigkeit, die einem bestimmten Plan folgt und diesen Schritt für Schritt abarbeitet. Eine Praxis ist nicht die Anwendung eines vorgängigen Wissens, „sie ist etwas ganz anderes als die Anwendung eines vorgängigen Wissens und lässt sich nicht unter Berufung auf ein solches Wissen rechtfertigen was nicht heißt, sie könne sich nicht rechtfertigen" (Castoriades 1990, S. 130). Dennoch ist sie eine „bewusste Tätigkeit und setzt einen klarsichtigen Verstand voraus" (Castoriades 1990, S. 130). Praxis lässt neues Wissen auftauchen, weil sie die Welt in einer besonderen und zugleich allgemeinen Sprache zum Sprechen bringt.

Nun bleibt zu fragen, ob die EKD den Anspruch hat, dass die Friedensschrift in einer Zweck-Mittel-Relation praxisbezogen Anwendung findet? Wird sie diese Frage mit Ja beantworten, dann möchte ich die Friedensdenkschrift nicht als eine Friedenspraxis bezeichnen. Wird die EKD aber Nein sagen und befinden, dass ihr vorrangiger Einsatzort, der Anfang, die Anerkennung der Autonomie der Anderen, und ihr vorrangiges Ziel die Veränderung der Gesellschaft im Sinne einer revolutionären Politik, eines *Entwurfs* (Gestaltung) ist, der eine Neuorganisation anstrebt, dann ließe sich wohl von einer *revolutionären Friedenspraxis* als Praxis sprechen.

4 Friedenspraxis orientieren

Wird der Begriff der Praxis in der vorher geschilderten politischen Weise aufgefasst, dann kann die Entwicklung und Konkretisierung der Friedensdenkschrift selbst als eine Aufgabe im Sinne einer Friedenspraxis verstanden werden. Interessanterweise wird der Begriff „Friedenspraxis" nur einmal in der Friedensdenkschrift genannt:

„Die Bedeutung der Einheit von Friede und Gerechtigkeit als Inhalt göttlicher Verheißung für menschliche Friedenspraxis liegt
vielmehr darin, dass sie das gängige Verständnis von Frieden von
Grund auf neu orientiert: Friede im Sinn der biblischen Tradition
bezeichnet eine umfassende Wohlordnung, ein intaktes Verhältnis der Menschen untereinander und zur Gemeinschaft, zu sich
selbst, zur Mitwelt und zu Gott, das allem menschlichen Handeln
vorausliegt und nicht erst von ihm hervorgebracht wird" (EKD
2007, Ziff. 75).

Nachdem der Aspekt der Neuorientierung des Friedens angesprochen ist, wird einige Zeilen weiter dieser mit dem Verweis auf
den bereits erwähnten Grundsatz *si vis pacem para pacem* (Wenn
du den Frieden willst, bereite den Frieden vor) formuliert: Nicht
Krieg möge vorbereitet werden, sondern Frieden. Der von Castoriadis formulierte Satz „In der Praxis gibt es etwas, das *zu tun ist*"
beinhaltet eine Intention, die auf eine Friedenspraxis übertragen
werden kann: Auch in der Friedenspraxis gibt es etwas, das *zu
tun ist*, aber auch anderes, dass *zu unterlassen ist*. Das *was* zu tun
ist, kann nicht abschließend allgemein formuliert werden. Doch
versucht die Friedensdenkschrift, Aspekte der Orientierung und
der Friedensverursachung zu benennen. Das, was *zu unterlassen ist,*
hat, allgemein gesprochen, mit kriegsverursachenden Strategien,
mit Gewalt und Zerstörung zu tun. Weil aber die Beantwortung
der Frage, was der Frieden sei und wie er zu erreichen sei, eine
immerwährende Aufgabe ist, wird auch der Begriff Friedenspraxis
niemals endgültig zu bestimmen sein. Friedenspraxis ist und bleibt
ein Begriff der Orientierung.

Diese Interpretation der Friedenspraxis als Neuorientierung des
Verständnisses von Frieden und seiner Umsetzung ist als eine der
zentralen kirchlichen Aufgaben in der Friedensschrift formuliert:

„Dazu gehören der Verkündigungsauftrag ebenso wie Bildung
und Erziehung, Schutz und Beratung der Gewissen, Arbeit für

Versöhnung und eine Entfaltung des Leitbildes vom gerechten
Frieden" (EKD 2007, Ziff. 5).

Diese Orientierungspraxis wird in der Denkschrift einerseits als
Aufgabe angesprochen, andererseits als *Voraussetzung* benannt.
Angesprochen wird erstens die „politische Friedensaufgabe" (EKD
2007, Ziff. 78, 124ff.) im Sinne einer Übermittelung des Leitbildes
des gerechten Friedens durch eine Stärkung der universalen Institutionen (z. B. Vereinte Nationen [EKD 2007, Ziff.125ff.]), einen
Abbau der Waffenpotenziale (vgl. EKD 2007, Ziff. 157ff.) und die
Verwirklichung menschlicher Sicherheit und Entwicklung (EKD
2007, Ziff. 184ff., 197). Zweitens betont die Friedensdenkschrift die
Konkretisierung des christlichen Friedenszeugnisses in „Verkündigung und Gottesdienst, in Bildung und Erziehung, im Eintreten
für das Grundrecht der Gewissensfreiheit, für Versöhnung statt
Vergeltung und für einen gerechten Frieden als Leitbild einer
kooperativen Weltordnung" (EKD 2007, Ziff. 195). Konkrete Aufgaben, die als Dimensionen des gerechten Friedens beschrieben
werden, umfassen unter anderem „Schutz vor Gewalt" (EKD 2007,
Ziff. 80), eine internationale Rechtsordnung (EKD 2007, Ziff. 196),
den Abbau von Not und Ungerechtigkeit (EKD 2007, Ziff. 83, 194),
Förderung der Freiheit (EKD 2007, Ziff. 82) und die „Anerkennung
kultureller Verschiedenheit" (EKD 2007, Ziff. 84), auch etwa eine
friedensfördernde „Bildungspolitik" (etwa der Abbau von Vorurteilen [EKD 2007, Ziff. 129]) und die Evaluation von „Erfahrungen
vergangener Jahre" (EKD 2007, Ziff. 13). Die Normativität bedeutet
die Übertragung einer Aufgabe, sogar einer immerwährenden
Aufgabe, nämlich sich für einen gerechten Frieden einzusetzen.
Dieser Einsatz hat verschiedene Voraussetzungen:

Zur Voraussetzung eines gerechten Friedens werden ein *Wille*
zur Vorbereitung des Friedens, eine internationale Rechtsordnung
und menschliche Sicherheit und Entwicklung in der Friedens-

denkschrift angesprochen. Friedenspraxis heißt hier somit, die Formulierungen von Aufgaben, Konkretisierungen und Voraussetzungen für ein Handeln im Sinne des gerechten Friedens selbst bereits als eine Praxis zu verstehen. Die Theorie ist nicht einfach aus- oder vorgelagert, sondern wird selbst zur Praxis.

Dieser Gedanke, dass Theorie bereits Praxis ist, wird auch deutlich, wenn es um mögliche inhaltliche „Gefahren" und Verstrickungen geht. Denn diejenigen, die für den Frieden eintreten, sind auch mit den Risiken konfrontiert, im Namen der Aufgaben für einen „gerechten Frieden" zu sorgen, aber damit gleichzeitig auch die Perspektive des Krieges zu erfinden. Diese Warnung diskutiert Lothar Brock etwa im Zusammenhang der „Aporien der Gewaltkritik" (2009, S. 28). Somit ist nicht nur die Formulierung der Aufgaben und der Voraussetzungen stets kritisch hinsichtlich ihrer friedenspraxeologischen Einsichten zu überprüfen, sondern auch die möglichen argumentativen Verstrickungen, die unter einem vermeintlichen „gerechten Frieden" durch den Einsatz von direkter oder struktureller Gewalt letztendlich Krieg befördern. In einem Beitrag, der den Weg von einer kritischen zur pragmatischen Friedensforschung nachzeichnet, führt Brock (2009, S. 28) aus, wie die Erfahrung zeigte, dass es zu Zeiten der anti-kolonialen Befreiungsbewegungen überwiegend die Gewalt des (kolonialen) Staates war, die „unter bestimmten Umständen ‚Gegengewalt' zu rechtfertigen schien". Die Friedensdenkschrift (EKD 2007, Ziff. 98ff.) rechtfertigt mit dem Begriff der „rechtserhaltenden Gewalt" des Staates, den Gewaltakten nicht-staatlicher Akteure (Kriminelle, Terroristen) entgegenzutreten. Positionen, wie etwa Prinzipien „Frieden mit friedlichen Mitteln" (Galtung 1998) oder *si vis pacem para pacem* (Anders 1984; Senghaas und Senghaas-Knobloch 1992) eröffnen eine Friedenspraxis, die als eine selbstkritische Praxis sich nicht dazu hinreißen lässt, theoretische Widersprüche oder

Handlungswidersprüche zur Legitimation von Gewalt, Zynismus oder Passivität („Sollen wir denn gar nichts tun?!") zu benutzen.

Der Anspruch der Orientierungsleistung seitens der Verfasserinnen und Verfasser der Friedensdenkschrift (EKD 2007) macht diese zu einer *Friedenspraxis*, die aufgrund des genannten Anspruches selbstkritisch und dynamisch zu verfahren hat. Sie ist somit normsetzend; sie sollte aber aufgrund ihres theoretischen und praktischen Anspruchs auch norm*wider*setzend sein, nämlich genau dort, wo eine Norm zur Gewalt als scheinbare ultima ratio verleitet und das Denken und Handeln gerade nicht im Sinne einer Friedenspraxis zu bestimmen droht. Besonders die angesprochene Erfahrung der historischen Perspektive zeigt, dass zum politischen Denken und Handeln gehören muss, Normen auf ihren friedensstiftenden Gehalt zu überprüfen.

5   Die Rolle der Erfahrung

Die eingangs vorgestellten drei Einsatzorte, die ein Bemühen um Frieden motivieren und die Interpretation verschiedener friedenspraxeologischer Perspektiven nahelegen, verweisen darauf, dass der Leitgedanke eines gerechten Friedens mit unterschiedlichen Erfahrungen konfrontiert wird. Sein Verhältnis zur Erfahrung ist deshalb jeweils situativ. Nicht umsonst verweist die Friedensdenkschrift auf die Wichtigkeit der Berücksichtigung der Erfahrungen vor Ort, sei es etwa im Zusammenhang der Internationalen Organisation von Regierungs- und Nichtregierungsorganisationen (EKD 2007, Ziff. 140) oder gesellschaftlichen Situation beispielsweise in Bosnien oder Afghanistan (EKD 2007, Ziff. 16). Der Leitgedanke eines gerechten Friedens ist, im Zusammenhang eines bestimmten Zeitgeschehens, politisch zu verhandeln; er muss sich seiner erfahrungsgesättigten Motivation bewusst sein und sich abgrenzen von nicht angemessenen Denkstrategien vermeintlich vorgegebener Friedens-, Kriegs- oder Sicherheitslogiken sowie von Vorurteilen und Stereotypen, die Rassismus, Sexismus oder Ethnozentrismus befördern (vgl. Schües 2017).

Oft geben Krisen oder Konflikte Anlass, Sinndimensionen des Leitbildes des gerechten Friedens besonders zu betonen, sei es zur Klärung der gegebenen Voraussetzungen und anstehenden Aufgaben oder zur Beurteilung einer Situation. Die Aufforderung, vom gerechten Frieden her zu denken oder Kriterien der Ursachenforschungen der Friedensgefährdung, wie etwa schlechte Regierungsführung (EKD 2007, Ziff. 17), Bewirkung der Not oder Hoffnungslosigkeit, Ungerechtigkeit oder Gewalt, profitieren auch von der empirischen Forschung, nämlich dann, wenn es ihr gelingt, unhaltbare Missstände oder mögliche Ursachen von Konflikten, Kriegen oder vielleicht sogar eines Friedens aufzudecken. Zwischen dem Begriff der Erfahrung und empirischer Forschung gilt es zu unterscheiden: Aus einer phänomenologischen Annäherung betrachtet, ist eine Erfahrung nicht der Begründungsboden einer Erkenntnis oder einer Theorie, sondern sie ist das Thema für einen Einsatzort möglicher Forschungs- oder politischer Gestaltungsaufgaben. So kann der Blick auf Erfahrungen die Thematisierung von konkreten gesellschaftlichen Umständen, mitmenschlichen Lebensweisen und ethisch, wirtschaftlich oder politisch mehr oder weniger prekären Beziehungen aufweisen, die als Motiv für friedensethische Überlegungen und Handlungen gelten können.

Der Diskurs oder die Thematisierung von Erfahrungen sind von der qualitativen oder quantitativen Sozialforschung unterschieden: Die methodisch-systematische Sammlung von Daten und ihre Interpretation hat die Erkenntnisaufgabe, die Erfahrungen der Menschen darzustellen und diese in Hypothesen zu formulieren. Im 19. und 20. Jahrhundert gab es bereits statistische Untersuchungen, *Surveys* und verschiedene Erhebungsverfahren, beispielsweise in

Großbritannien zur Armutsforschung. Es gibt mittlerweile viele verschiedene quantitative und qualitative Formen der empirischen Sozialforschung, die sehr allgemein gesprochen von einer systematischen Vorgehensweise im Rahmen der sogenannten Feldforschung ausgehen. Ihr Verhältnis zur Soziologie oder anderen Disziplinen blieb seit dem Positivismusstreit (Adorno 1972) nie ohne Kritik, so wie es auch stets um die Kritik an der bestehenden Gesellschaft gehen muss. Empirische Sozialforschung setzt bereits die methodische Zurichtung der Erfahrung in Feldforschung, Fallstudien, Interviews oder Statistiken voraus. Je nach Einsatz und Zielsetzung können Sachverhalte beschrieben, vorher formulierte Hypothesen oder Theorien geprüft oder aufgrund von empirischen Datensammlungen entwickelt werden. Friedenspolitisch können auch mit empirischen Daten Entscheidungsprozesse gestützt werden; friedensethisch kann auf konkrete Probleme aufmerksam gemacht werden oder eine bestimmte politische Strategie als nicht friedensfördernd entlarvt werden. Allerdings wäre eine empirische Widerlegung der Dringlichkeit des Anspruchs, *dass* ein Frieden gestaltet werden sollte, nicht möglich.

Empirische Forschung bezieht sich nur auf das, was ist oder was Akteurinnen und Akteure erfahren haben und erzählen können. Sie kann zwar erfragen, was Einzelne glauben, was sein wird, aber selbstverständlich kann sie nicht zeigen, was noch nicht ist oder womöglich nie sein wird, was sich ihr entzieht oder was noch nicht realisiert ist oder werden könnte. Deshalb muss die Gestaltung des Friedens immer auf mehr beruhen als auf Erfahrungen oder auf empirischen Forschungen. Wer nach einem Leitbild sucht, hat vor allem die Zukunft im Blick. Ein Leitbild ist ein *temporales Konzept.* Die Zukunft allerdings liegt nicht im Zugriff der Empirie oder der Erfahrung, denn, zeitlich gedacht, ist sie noch nicht eingetreten, wenn wir sie uns in einer bestimmten Weise vorstellen oder entwerfen, wenn wir uns etwas wünschen oder erhoffen.

Erfahrungen sind in der Gegenwart, empirische Studien können lediglich die Erinnerungen an Erfahrungen in der Vergangenheit oder die Vorstellungen über die Zukunft erfragen.

Weil Friedenspolitik und die Friedensforschung von widerstreitenden Logiken, Interessen und Überzeugungen besetzt sind, ist es notwendig, sie in einen wissenschaftlichen und friedensethischen Diskurs zu bringen. Dieser Diskurs, verstanden als Praxis, berücksichtigt und gewichtet kulturelle, wirtschaftliche, rechtliche, soziale und politische Voraussetzungen und unterschiedliche Erfahrungen sowie ihre Strukturen und Verhältnisse. Hierbei besteht die Schwierigkeit, die Erfahrungen der verschiedenen Menschen vor Ort wirklich zu *sehen*, etwa gewaltvolle Phänomene, wie direkte oder strukturelle Gewalt, die gegebenenfalls von direkt Betroffenen gar nicht als solche bemerkt werden (Galtung 1975; Young 1996).

Ohne die Thematisierung der verschiedenen Erfahrungen und Perspektiven besteht die Gefahr der Verfestigung eines Leitbildes des gerechten Friedens im „westlichen Wertekanon" oder aber auch in einem relativistischen Verständnis, dass „DIE das eben so machen". Diesen beiden extremen Positionen der weltanschaulichen beharrenden Verfestigung auf bestimmte (kirchliche) Werte oder auf bestimmte (unerschütterliche) Erfahrungen, die zu Vorurteilen geronnen sind (Schües 2017), kann durch die Verflüssigung, die einer „Liquidation" gleichkommt, begegnet werden (Adorno 1973, S. 118, 121; Schües 2008). Diese „liquidierende" Begegnung braucht die Klärungsbemühungen des Philosophierens, politische Diskussion und erfahrungsinspirierte Teilhabe. Hierbei geht es auch darum, Zwischentöne zu hören, diejenigen zu hören, die keine Stimme haben, weil sie in einem verfestigten Verständnis eines Leitbildes, Vorurteils oder Stereotypes gar nicht als Akteurinnen oder Akteure vorkommen.

Ein weiterer praktischer Aspekt, der nicht unabhängig von Erfahrungen zu denken ist, hat mit Vertrauen zu tun. Einen Perspektivwechsel hin zu einer Friedenspraxis zu wagen, beinhaltet darauf zu vertrauen, dass vom Frieden her zu denken, langfristig mehr Erfolg haben wird als der Verbleib in einer Kriegslogik. Die Erfahrung kann hier insofern helfen, dass es zumindest Beobachtungen darüber gibt, dass gewaltfreier Widerstand selbst gegen brutale Regimes erfolgreicher sein kann, als der auf militante Gewalt setzende Widerstand (Chenoweth 2011). Wer allerdings Gewalt erleidet, wird es meist schwer haben, sich gegen Friedenssaboteure zu widersetzen und für eine revolutionäre Praxis einzusetzen, die tatsächlich global und nicht nur lokal ausgerichtet sein sollte.

6 Taugt das Leitbild des gerechten Friedens zur friedensethischen Bewertung aktueller Situationen und konkreter politischer Entscheidungen?

Die Interpretation des gerechten Friedens als Leitbild unterliegt einer diskursiven Herrschaft und ist eingebettet in temporal sich wandelnde, normative und voraussetzungsreiche Begriffslogiken. Ob ein Friedensbegriff für die Beurteilung einer aktuellen Situation angemessen ist oder ob er sich in der Erfahrung wiederfinden kann, hängt auch von dem jeweiligen Begriffsverständnis ab. Der Begriff des gerechten Friedens basiert auf dem Begriff des „positiven Friedens" (Galtung 1975, S. 32; Galtung 1998; Czempiel 1998; Werkner 2017). Allerdings wurde dieser Friedensbegriff seit den 1980er-Jahren mehr und mehr von einem „erweiterten Sicherheitsbegriff" verdrängt, der seinerseits Anfang des Jahres 2000 eine weitere Bedeutungsverschiebung erfuhr (Brock 2009;

Jaberg 2017). Beide Sicherheitsbegriffe gehen nicht mehr von einem traditionellen Verständnis von Sicherheit im Sinne der *securitas* aus, also dem Freisein von Sorgen. Vielmehr geht es in der gegenwärtigen Sicherheitslogik erstens um Weltprobleme, wie Umweltkrise, Bevölkerungswachstum, Hungersnöte und Migration. Hier geht es um die „menschliche Sicherheit" (UNDP 1944), die nicht mit militärischen Mitteln geschützt werden kann, aber mit dem Abbau von Not, Furcht sowie direkter und struktureller Gewalt einhergeht. Gewalt hat unmittelbar auch mit dem zweiten Feld der Sicherheit zu tun: Krieg gegen Terror wurde zuerst von der Bush-Administration zur nationalen Sicherheitsstrategie erhoben und beherrscht immer noch den politischen Diskurs über die Weltprobleme, wie etwa Terrorismus oder die sogenannte Flüchtlingskrise. Auch vor dem Hintergrund, dass die Bush-Administration den Jargon der Schurkenstaaten salonfähig gemacht und damit (scheinbar) noch weitere Argumente zur militärischen Gewaltanwendung geliefert hat, gibt es die Gefahr, dass auch die Kriterien der „rechtserhaltenden Gewalt" in der Friedensdenkschrift (EKD 2007, Ziff. 98ff.) dem Sicherheitsdiskurs, der mittlerweile im Denken des Mainstreams angekommen ist, eingepasst werden. Gewalt als ultima ratio wird genau immer so zu legitimieren sein, als gälte die emotionale Überzeugung: Wir konnten nicht anders, es gab keine Alternative. In diesem Zusammenhang kann aus erkenntnistheoretischen Gründen die Erfahrung, die dann selbst bereits in diesen Diskurs eingespannt und von ihm formiert ist, keine weitere Ressource für ein alternatives Denken bereitstellen. Wer aber so denkt, dem geht es nicht mehr um Frieden, sondern um eine Sicherheit im erweiterten Sinne wie oben beschrieben. Der Begriff der kollektiven Sicherheit der Friedensdenkschrift (EKD 2007, Ziff. 87) ist dagegen nicht auf globale Weltprobleme, sondern auf Binneneffekte und zwischenstaatliche Lösungen ausgelegt und dient dem Schutz vor Gewalt, aber dieser Schutz wird gegebenenfalls mit Gewalt im Sinne der rechtserhaltenden Gewalt verteidigt. Dieser Aspekt bestimmte auch die Perspektive auf die Lage in Afghanistan (vgl. EKD 2013, Ziff. 19).

Kontrollen, verschärfte Kontrollen und eine militärische Orientierung mit dem Ziel der Sicherheit machen es schwierig, wenn nicht gar unmöglich, zu einer Gesellschaft zu gelangen, die den Namen „Friedensgesellschaft" (Hirsch und Delhom 2015) verdienen würde. Denn die Kontrahenten der Konfliktparteien bleiben misstrauisch und im Denk- und Handlungsverhältnis der Konfrontation. Die Strategie der Kontrolle ist *dissoziativ* ausgerichtet und lässt die Menschen in der Situation einer anhaltenden Unsicherheit und Gefahr, sei es durch Rüstungskonkurrenz, Unterdrückung, dem Schüren von Angst oder Hass. In solch einem Szenario bleiben zivile Friedensbemühungen, die nicht militärischen Strategien unterliegen, oft nachrangig oder sogar völlig ungenutzt. Man betrachte allein die Ausgaben für die militärische Sicherung im Unterschied zu denen für Bildung oder kulturelle Beziehungen. Allerdings ist die Diskussion, was als militärische und was als zivile Strategie zählt, noch nicht abschließend entschieden. Unterschieden werden kann aber eine Friedenslogik von einer Kriegslogik, die eine dissoziativ angelegte Strategie verfolgt und von bestimmten Dualitäten und deren eindeutigen Zuweisungen, wie gut/böse, eigen/fremd, Mann/Frau, Gewinner/Verlierer, gestützt wird. Das Ziel einer Strategie, die auf einer Kriegslogik basiert, kann nur eine relative Sicherheit und eine Waffenruhe sein; der Begriff des Friedens bleibt in dieser Perspektive undifferenziert, vor allem auch weil letztendlich die Erfahrung fehlt. Wird die Beurteilung oder Bewertung auf die Erfahrungen der Akteure und Betroffenen ausgerichtet, dann können sie in diesem geschilderten Szenario zwar von mehr oder weniger Gewalt, Kontrolle oder einem relativen Sicherheitsgefühl sprechen. Die Erfahrung des Friedens kann aber (noch) nicht gemacht worden sein. Die Vorstellung des

Friedens bleibt bestenfalls dem Raum der Imagination und Vision überlassen. Darüber hinaus ist das Leitbild des gerechten Friedens historisch und philosophisch voraussetzungsreich. Somit ist er kein feststehendes Maß der Beurteilung, die Friedensdenkschrift bietet aber Normvorschläge zur Beurteilung. Deshalb ist die Diskussion, wie das Leitbild des gerechten Friedens vom Frieden her gedacht und wie die politische Aufgabe seiner Verwirklichung verstanden werden kann, von großem Wert. Die Friedensdenkschrift leistet hierzu einen praktischen und theoretischen Beitrag.

Für die Verfasserinnen und Verfasser der Friedensdenkschrift bedeutet das Leitbild des gerechten Friedens mehr als Schutz vor Krieg oder Gewalt. Der gerechte Frieden hat, so das Ideal, die kriegs- und gewaltverursachenden Ungerechtigkeiten überwunden und ist in eine moralische Ordnung gestellt, die als eine gerechte Ordnung ihre Voraussetzung in der Realität haben soll. In dieser Variante ist der gerechte Frieden, wie die *pax romana* oder *pax christiana*, ein Modell, das von der Friedfertigkeit der Einzelnen ausgeht – gerechte Menschen handeln nicht ungerecht, meinte schon Aristoteles –, und von der Ausgrenzung der Feinde (Thomas Hobbes, Wladimir Iljitsch Lenin, Carl Schmitt) sowie von einer Vorstellung der rechtserhaltenden Gewalt – der gerechte Krieg hat in der Moderne seine Legitimität eingebüßt – aufrecht erhalten wird.

Mit der rechtlichen Institutionalisierung des Krieges im Rahmen des Völkerrechts und nach der Erfahrung zweier Weltkriege wurden auch Konzepte der Sicherung des Friedens durch eine Begrenzung des Krieges immer weniger überzeugend. Kriege werden unter eine andere Ordnung und unter eine Logik der Entfesselung gestellt. Der gerechte Frieden kennt somit keine gerechten Feinde. Deshalb wird es Teil einer Friedenspraxis sein, die Dichotomien Freund/Feind, Selbst/Andere zu transformieren, um eine Beziehung zu ermöglichen (Adwan, Bar-On und Naveh

2015). Denn solange Selbst und Andere in verfestigten Polen in einer dichotomischen Gegensatzspannung verharren, kann eine Beziehung der Kommunikation, des Vertrauens oder der ersten mitmenschlichen Zuwendung nicht erfolgen. Deshalb hat Friedenspraxis sowohl mit lebensweltlichen Erfahrungen, also auch mit Logiken des Handelns und Denkens zu tun.

Der gerechte Frieden muss vom Frieden her gedacht werden, doch muss dieses Denken sowohl vielfältige Erfahrungen thematisieren als auch eine Logik einbeziehen, in der Ungerechtigkeit, wirtschaftliche Ausbeutung und die weltweiten ökonomischen und ökologischen konflikthaften Verstrickungen und Abhängigkeiten in einem friedensstiftenden Gestaltungsprozess transformiert werden können. Aspekte des Leitbildes des gerechten Friedens passen als Beurteilungsnorm für soziale, wirtschaftliche und politische Verhältnisse in der Gegenwart und Vergangenheit. Hier können empirische Studien und Eindrücke der lebensweltlichen Erfahrungen unterstützen. Sie aber richten sich nicht auf „den gerechten Frieden" selbst, sondern eher auf wirtschaftliche und gesellschaftliche Verhältnisse oder mitmenschliche Praktiken, die Konflikt stiftende Ungerechtigkeiten aufzeigen. Eine empirische Widerlegung des Anspruchs und der Dringlichkeit, den gerechten Frieden zu gestalten, ist nicht möglich. Friedensethisch und -epistemisch kann mit dem Verweis auf normative Kriterien der Friedensdenkschrift auf konkrete Probleme aufmerksam gemacht und Vorschläge für die weitere Friedenspraxis angeboten werden; diese Friedenspraxis umschließt die Diskussion um konfligierende Interpretationen der Friedensdenkschrift selbst.

Allerdings müssen die Rolle der Erfahrung und das Leitbild des gerechten Friedens für das Zeitalter der nuklearen Bedrohung neu gedacht werden. Die „Atomdrohung ist totalitär" (Anders 1959, S. 94). Mit der „atomaren Bedrohung" kommt ein Novum in die Geschichte: Nicht die Frage der Ursachen von Krieg oder

die Ursachen von Frieden sind zu erforschen, sondern einzig
zählt die Perspektive auf die Folgen eines militärischen Einsat-
zes. „Der Bombe" wird eine Subjektivität zugesprochen, die die
Menschen nicht mehr haben, sie sind zu Passivität und Furcht
verurteilt (Thomas Hobbes), gleichwohl wird von ihnen als Staats-
bürgerinnen und -bürger Loyalität verlangt. Als lebensweltliche
Erfahrung kommt in diesem Szenario (Abschreckungslogik) nur
die allseitige und ausweglose Bedrohung und eine Erwartung an
den Staat, für Schutz zu sorgen, bei gleichzeitigem Gefühl, dass die
Unterscheidung Schutzerwartung und Bedrohung nicht greift. Das
Leitbild des gerechten Friedens selbst gerät völlig aus dem Blick.
Friedensphilosophie und -ethik ist gefordert, hier widerständig
zu sein. Die Friedensdenkschrift hat bereits nukleare Waffen als
politische und nicht als Kriegsführungswaffen angesehen (EKD
2007, Ziff. 164), aber diese Nennung reicht nicht, um der Drohung
und Ermächtigung der Atombombe zu begegnen. Die Einsicht,
dass Hiroshima sich nicht noch einmal wiederhole, basiert auf
Erfahrungen und der Erkenntnis, dass die atomare Abrüstung
dringlich sei, und damit auf epistemischen Überzeugungen. Beide
Formen der Einsicht führen zur Notwendigkeit, die Friedensdenkschrift als Friedenspraxis angesichts des nuklearen Zeitalters zu
überdenken.

Literatur

Adorno, Theodor W. 1969. Erziehung nach Auschwitz. In *Erziehung
    zur Mündigkeit,* hrsg. von Gerd Kadelbach, 88–104. Frankfurt a. M.:
    Suhrkamp.
Adorno, Theodor W. (Hrsg.). 1972. *Der Positivismusstreit in der deutschen
    Soziologie.* Darmstadt: Luchterhand.

Adorno, Theodor W. 1973. *Philosophische Terminologie.* Bd. 1. Frankfurt a. M.: Suhrkamp.

Adwan, Sami, Dan Bar-On und Eyal Naveh. 2015. *Die Geschichte des Anderen kennen lernen. Israel und Palästina im 20. Jahrhundert.* Frankfurt a. M.: Campus.

Anders, Günther. 1959. Thesen zum Atomzeitalter. In *Endzeit und Zeitenende. Gedanken über die atomare Situation,* hrsg. von Günther Anders, 93–105. München: Beck.

Anders, Günther. 1984. Si vis pacem para pacem. Ansprache auf dem 3. Forum der Krefelder Initiative am 17. September 1983 in Bad Godesberg. In *Initiative Sozialistisches Forum, Frieden – je näher man hinschaut desto fremder schaut es zurück. Zur Kritik einer deutschen Friedensbewegung,* hrsg. von der Initiative Sozialistisches Forum Freiburg, 13–20. Freiburg: ça ira – Verlag.

Arendt, Hannah. 1948. *Sechs Essays, Schriften der Wandlung* 3. Heidelberg: Schneider.

Arendt, Hannah. 1987. *Vita Activa oder Vom tätigen Leben.* 5. Aufl. München: Piper.

Brock, Lothar. 2009. Die Arbeit am Frieden als Verstrickung in den Krieg. Von der kritischen zur pragmatischen Friedensforschung? In *Friedensforschung und Friedenspraxis. Ermutigung zur Arbeit an der Utopie,* hrsg. von Marcel M. Baumann, Hanne M. Birckenbach, Volkhard Brandes, Sandra Dieterich, Hans Ulrich Gundermann und Ulrike Suhr, 27–41. Frankfurt a. M.: Brandes & Apsel.

Castoriadis, Cornelius. 1990. *Gesellschaft als imaginäre Institution. Entwurf einer politischen Philosophie.* Frankfurt a. M.: Suhrkamp.

Chenoweth, Erica and Maria J. Stephan. 2011. *Why Civil Resistance Works.* New York: Columbia University Press.

Czempiel, Ernst-Otto. 1998. *Friedenstrategien. Eine systematische Darstellung außenpolitischer Theorien von Machiavelli bis Madariaga.* Opladen: Westdeutscher Verlag.

Evangelische Kirche in Deutschland (EKD). 2007. *Aus Gottes Frieden leben – für gerechten Frieden sorgen. Eine Denkschrift des Rates der EKD.* Gütersloh: Gütersloher Verlagshaus.

Evangelische Kirche in Deutschland (EKD). 2013. *„Selig sind die Friedfertigen". Der Einsatz in Afghanistan: Aufgaben evangelischer Friedensethik.* Hannover: Kirchenamt der EKD.

Galtung, Johan. 1975. *Strukturelle Gewalt. Beiträge zur Friedens- und Konfliktforschung*. Reinbek bei Hamburg: Rowohlt Verlag.

Galtung, Johan. 1998. *Frieden mit friedlichen Mitteln. Friede und Konflikt, Entwicklung und Kultur*. Opladen: Leske + Budrich.

Hirsch, Alfred und Pascal Delhom. 2015. *Friedensgesellschaften. Zwischen Verantwortung und Vertrauen*. Freiburg: Alber.

Jaberg, Sabine. 2009. *Vom Unbehagen am Normverlust zum Unbehagen mit der Norm? Zu einem fundamentalen Problem der neueren Friedensforschung*. Hamburg: Institut für Friedensforschung und Sicherheitspolitik an der Universität Hamburg.

Jaberg, Sabine. 2017. Frieden und Sicherheit. In *Handbuch Friedensethik*, hrsg. von Ines-Jacqueline Werkner und Klaus Ebeling, 43-54. Wiesbaden: Springer VS.

Kant, Immanuel. 1977 [1796]. Zum ewigen Frieden. Ein philosophischer Entwurf. In *Werkausgabe. Band XI: Schriften zur Anthropologie, Geschichtsphilosophie, Politik und Pädagogik*, hrsg. von Wilhelm Weischedel, 193–251. Frankfurt a. M.: Suhrkamp.

Merleau-Ponty, Maurice. 1966. *Abenteuer der Dialektik*. Frankfurt a. M.: Suhrkamp.

Schlichte, Klaus. 2011. Kriegsursachenforschung – Ein kritischer Rückblick. In *Friedens- und Konfliktforschung*, hrsg. von Peter Schlotter und Simone Wisotzki, 81–111. Baden-Baden: Nomos.

Schües, Christina. 2008. Aufgaben philosophischer Bildung: Theodor W. Adorno und Hannah Arendt. In *Philosophie und Bildung. Grundlagen – Methoden – Perspektiven*, hrsg. von Rudolf Rehn und Christina Schües, 136–156. Freiburg: Alber.

Schües, Christina. 2017. Vor-Urteile und Menschenbild. In *Handbuch Friedensethik*, hrsg. von Ines-Jacqueline Werkner und Klaus Ebeling, 175–185. Wiesbaden: Springer VS.

Senghaas, Dieter (Hrsg.). 1995. *Den Frieden denken*. Frankfurt a. M.: Suhrkamp.

Senghaas, Dieter und Eva Senghaas-Knobloch. 1992. Si vis pacem para pacem. Überlegungen zu einem zeitgemäßen Friedenskonzept. *Leviathan* 20 (2): 230–251.

Sternberger, Dolf. 1997. *Die Politik und der Friede*. Frankfurt a. M.: Suhrkamp.

UN-Development Programme (UNDP). 1994. Human Development Report. http://hdr.undp.org/en/content/human-development-report-1994. Zugegriffen: 01. Januar 2018.

Werkner, Ines-Jacqueline. 2017. Zum Friedensbegriff in der Friedensforschung. In *Handbuch Friedensethik*, hrsg. von Ines-Jacqueline Werkner und Klaus Ebeling, 19-32. Wiesbaden: Springer VS.

Young, Iris Marion. 1996. Fünf Formen der Unterdrückung. In *Politische Theorie. Differenz und Lebensqualität*, hrsg. von Herta Nagl-Docekal und Herlinde Pauer-Studer, 99–139. Frankfurt a. M.: Suhrkamp.

Die Rolle des Gewissens im politisch-ethischen Leitbild des gerechten Friedens

Pascal Delhom

1 Einleitung

Frieden ist kein Zustand, der einfach besteht oder der angestrebt und – wenn auch in „einer ins Unendliche fortschreitenden Annäherung", wie es bei Immanuel Kant heißt (1977b [1796], S. 251) – erreicht werden kann. Er ist eine Aufgabe jedes Augenblicks in einer sich ständig verändernden Welt. In Zeiten des Krieges ist er eine Aufgabe des Friedensschlusses, in Friedenszeiten eine Aufgabe des Aufbaus und der Bewahrung einer Friedensordnung, in der Konflikte ohne Gewalt gelöst werden können. Ein Friedensschluss bedeutet also nicht das Ende der Friedensaufgabe, sondern deren Veränderung. Sie wird nun zur immerwährenden Aufgabe des Wahrens und Erneuens des Friedens, wie es sinngemäß im ersten Satz der Denkschrift des Rates der evangelischen Kirche in Deutschland steht (EKD 2007, Ziff. 1).

Diese Aufgabe des Friedens kann weder ohne die anderen noch gegen sie, sondern nur mit ihnen erfüllt werden. Sie ist notwendigerweise eine gemeinsame Aufgabe (vgl. Delhom 2007, S. 334ff.). Das heißt, dass sie eine Kooperation mit den Anderen und, gerade

© Springer Fachmedien Wiesbaden GmbH, ein Teil von Springer Nature 2018 107
S. Jäger und J.-D. Strub (Hrsg.), *Gerechter Frieden als politisch-ethisches Leitbild*, Gerechter Frieden, https://doi.org/10.1007/978-3-658-21757-0_6

in Zeiten des Krieges oder des Konflikts, mit den Feinden beziehungsweise mit den Gegnerinnen und Gegnern erfordert. Dies ist eine besondere Herausforderung, denn es bedeutet für jede Partei, dass der Frieden nicht nur vom eigenen Handeln abhängt, sondern von der Bereitschaft der jeweiligen Anderen, ihren Teil der Aufgabe zu erfüllen. Eine absolute Sicherheit, dass dies erfolgt, kann es hierbei nie geben. Deswegen ist es wichtig, dass zur Erfüllung dieser Aufgabe ein Rahmen der Zuverlässigkeit – auch wenn dieser immer relativ ist, besonders in Zeiten des Krieges – gebildet wird: Regeln, an die sich die Handelnden nach Möglichkeiten halten, Institutionen, in denen diese Regeln verankert sind, die ihr Einhalten fordern und zugleich ermöglichen. Dies gilt für die Lösung individueller Konflikte und für die Organisation eines friedfertigen Zusammenlebens der einzelnen Menschen. Dies betrifft aber auch die Beziehungen zwischen Gruppen, Institutionen und sogar Staaten, also kollektiven Akteuren. In diesem Sinne betont auch die Denkschrift, „dass in einer dichter vernetzten Welt kooperatives Handeln zwischen Staaten und Gesellschaften unabdingbar geworden ist" (EKD 2007, Ziff. 5).

Es wäre allerdings ein Fehler zu denken, dass die Regelwerke und Institutionen, die den Rahmen der Friedensstiftung und der Friedensgestaltung bilden (vgl. Strub 2007, 194ff.), die Aufgabe des Friedens gänzlich übernehmen können. Die Verantwortung dafür, dass Frieden in Zeiten des Krieges angestrebt und gefordert wird, beziehungsweise dass Konflikte in Zeiten des Friedens mit friedlichen Mitteln gelöst werden, liegt bei den Akteuren des kooperativen Handelns selbst. An den Akteuren liegt es auch, dass im Krieg und im Frieden ein Sinn für die gemeinsame Aufgabe des Friedens entsteht und auch dann erhalten bleibt, wenn der Frieden selbstverständlich geworden zu sein scheint.

Auch in Bezug auf die Akteure selbst heißt die Übertragung bestimmter Aufgaben der Einzelnen an kollektive Akteure, die sie besser bewältigen können, nicht, dass zugleich die individuelle Verantwortung für den Frieden an diese übertragen wird. Wie die Eltern ihre Verantwortung für ihre Kinder nicht aufgeben, wenn sie sie in einer Schule abgeben, wo LehrerInnen für sie die Bildungsverantwortung übernehmen, so geben die Menschen ihre Verantwortung für ein friedfertiges Zusammenleben nicht auf, wenn sie kollektiven Akteuren bestimmte Aufgaben anvertrauen.

Zu dieser Verantwortung gehört die Einsicht (vgl. Schües 2004), dass in konkreten Situationen etwas zu tun oder zu unterlassen ist, dass dies von uns abhängt und dass an dieser Stelle Indifferenz nicht möglich ist. Diese Einsicht kann weder durch Gesetze verlangt noch geregelt werden. Sie wird zwar durch Erziehung und soziale Bildung erleichtert und unterstützt, doch letztendlich hängt sie von der inneren Stimme ab, die wir den Ruf des Gewissens nennen.

2   Das Gewissen

Es ist hier nicht primär relevant, ob dieser Ruf des Gewissens als Ruf Gottes, Ruf der Vernunft (Kant 1977a [1797], S. 532), der Sorge (Heidegger 1953, S. 274ff.), des Anderen (Levinas 1995, S. 270) oder als Ruf einer Stimme, „die ich selbst bin" (Jaspers 1956, S. 268) verstanden wird. Wichtig ist, dass diese Stimme uns derart ruft, dass wir uns ihr nicht entziehen können. Sie wird zwar oft überhört oder vom Lärm des Alltags übertönt. Sie sucht uns aber in Momenten der Ruhe und des Rückzugs heim, in denen wir alleine mit uns selbst sind. Sokrates beschreibt es treffend im *Hippias major* und spricht von einem nahen Verwandten, der ihn züchtigt und der immer da ist, wenn er nach Hause kommt (Platon 1998c [399-388 v.Chr.], S. 96 [304d]; vgl. auch Arendt 1989, S. 187). Diese Stimme lässt demjenigen, der sie hört, keine Ruhe. Sie lässt auch keinen Zweifel über die Richtigkeit ihres Anspruchs zu, denn dieser hängt nicht von einer empirischen Erkenntnis oder von einem Urteil über die Welt ab. „Worin auch immer die Stimme des Gewissens bestehen mag", schreibt Hannah Arendt, „[...] ihre Geltung beruht völlig auf einer Autorität, die jenseits und über allen bloß menschlichen Gesetzen und Regeln steht" (Arendt 1989, S. 211). Dies heißt nicht, dass sich das Gewissen in konkreten Situationen nicht irren kann, wohl aber, dass die bindende Kraft seiner Stimme für die Einzelnen nicht durch die Gültigkeit äußerer Gesetze aufgehoben werden kann. Sie ruft eine Verantwortung hervor, die weder abgelehnt noch übertragen werden kann (vgl. dazu im christlichen Denken etwa Mieth 1981, S. 145).

Nun kann das Gewissen auf unterschiedliche Weise auf das Handeln der Menschen wirken:

1) Bei Sokrates, der es in seiner „Apologie" mit der Stimme einer inneren Warnung, also eines *daimons* gleichsetzt (vgl. Platon 1998a [um 385 v.Chr.], S. 60 f. [40]), hat es meistens eine hemmende Rolle. Es gibt nicht vor, was zu tun ist, sondern manifestiert sich, wenn Sokrates dabei ist, etwas Falsches zu tun: etwas, was bewirken würde, dass er dann nicht mehr in Frieden mit sich selbst leben könnte. Genau dieses Gewissen ist es, das ihn am Vorabend seines Todes daran hindert, mit seinem Freund Kriton aus dem Gefängnis zu flüchten. Denn er würde ein Unrecht (gegen das Gesetz von Athen, das er sein Leben lang in Wort und Tat als gültig anerkannt hatte) begehen. Er müsste also von nun an mit sich selbst als einem Schuldigen leben und stirbt lieber mit sich selbst als einem Unschuldigen (vgl. Platon 1998b [361-347 v. Chr.], S. 92ff. [48 ff.]).

Auf ähnliche Weise scheint für Max Weber der Politiker, der durchaus Mittel der Gewalt anzuwenden bereit sein muss, um sein Ziel – sei es auch der Frieden – zu erreichen, dennoch Grenzen dieser Bereitschaft zu erfahren und an irgendeinem Punkt (mit Martin Luther) sagen zu müssen: „Ich kann nicht anders, hier stehe ich" (Weber 1988, S. 599). Weber spricht zwar an dieser Stelle nicht vom Gewissen, sondern von Gesinnungsethik, aber der Verweis auf Luther, der seinerseits von Gewissen spricht, sowie auf Kant, für den das Gewissen der innere Gerichtshof ist, vor dem wir unsere Handlungen richten, ist eindeutig (vgl. Kant 1977a [1797], S. 573). Kaum jemand hat diese gewalthemmende Rolle des Gewissens (in der konkreten Situation des revolutionären Handelns) so eingehend beschrieben wie Albert Camus (2013) in seinem Theaterstück „Die Gerechten" (vgl. auch Camus 1969, besonders das Kapitel „Die zartfühlenden Mörder", S. 219ff.).

Diese hemmende Wirkung des Gewissens ist diejenige, die etwa bei der Verweigerung des Militärdienstes oder der Ausführung bestimmter Befehle im Krieg als legitim angesehen werden muss. Sie wird als solche in der Denkschrift dargestellt, allerdings mit dem Hinweis auf die Fehlbarkeit des Gewissensurteils und auf die Tatsache, dass auch der Militärdienst eine im Gewissen verantwortete Entscheidung voraussetzt (EKD 2007, Ziff. 59).

2) Das Gewissen kann aber auch in bestimmten Situationen als eine positive Handlungsanweisung aufgefasst werden. Es manifestiert sich bei den Einzelnen als ein Ruf, etwas als die eigene Aufgabe wahrzunehmen und Verantwortung dafür zu übernehmen. Derjenige, den dieser Ruf ereilt, fühlt sich dann verpflichtet, nach seinem Gewissen (als verbindlichem Beweggrund) und nach bestem Gewissen (als Maß) zu handeln.

Auslöser[1] eines solchen Rufes des Gewissens, der einen nicht mehr in Ruhe lässt, ist meistens die Erfahrung eines von anderen erlittenen Unrechts und die Einsicht, dass dieses Unrecht in ir-

---

1   Ein solcher Auslöser darf nicht mit der Quelle des Gewissens im Ruf einer außerweltlichen Autorität gleichgesetzt werden, von der früher die Rede war. Er ist nur die Gelegenheit, bei der dieser Ruf hörbar wird oder werden kann.

gendeiner Weise von uns selbst abhängt und zwar nicht so sehr, weil wir es selbst verursacht haben (dann tritt das Gewissen eher nachträglich als schlechtes Gewissen oder als Reue auf) oder zu verursachen drohen (was eher die hemmende Funktion des Gewissens hervorrufen kann), sondern weil wir ihm entgegenwirken könnten und entsprechend müssen (dies ist der Sinn der Orientierung nach dem Gewissen). Hierbei muss eine zweifache Asymmetrie hervorgehoben werden: Die verbindliche Stimme des Gewissens bezieht sich immer auf das *eigene* Handeln (auf die *eigene* Verantwortung) und nie auf dasjenige der Anderen. Es gibt jedem Menschen nur das vor, was er oder sie selbst tun kann und soll. Umgekehrt wird das erlittene Unrecht, worauf sich das Gewissen bezieht, immer von Anderen und nie von sich selbst erlitten. Das Unrecht, das ich selber erleide, weckt vielleicht Empörung oder ein Gefühl der Ohnmacht und des Unmuts in mir, nicht mein Gewissen.

Anders als ein moralisches Urteil, ein Gesetz oder eine soziale Regel bestimmt also das Gewissen nicht im Allgemeinen, was gut oder schlecht, erlaubt, verboten oder geboten, richtig oder falsch ist. Sein Urteil strebt nicht nach allgemeiner Geltung. Es verpflichtet jeweils mich und nur mich zu einem Handeln, das in meiner Verantwortung liegt. Zugleich bezieht sich das Gewissen auf das Verhältnis der eigenen Verantwortung zum Wohl oder Übel der Anderen und zwar nicht eines verallgemeinerten und abstrakten Anderen, sondern eines konkreten und in bestimmten Situationen erfahrenen Anderen. Deswegen kann es geschehen, dass es zu Handlungen gegen das eigene Interesse für das Wohl der Anderen aufruft und uns deswegen verpflichtet, weil wir ansonsten mit dem Unrecht leben müssten, das wir ihnen antun. „Jeder trägt – so sagt man – aus Eigennutz zum allgemeinen Wohl bei. Wie kommt es aber dann" fragt Jean-Jacques Rousseau mit den Worten seines savoyischen Vikars, „daß der Gerechte dazu beiträgt, selbst wenn er sich schadet?" (Rousseau 1998 [1762], S. 304; über das Gewissen

S. 300ff.). Die Antwort Rousseaus ist, dass er wohl einen anderen Beweggrund als sein Eigeninteresse haben muss. „Gewissen! Gewissen! Göttlicher Instinkt! Unsterbliche und himmlische Stimme! Sicherer Führer eines unwissenden und beschränkten aber verständigen und freien Wesens!" ruft der Vikar noch aus.

Die Stimme des Gewissens ist immer eine innere, zumindest im Inneren gehörte Stimme. Sie ist nicht der Ausdruck eines äußeren Urteils oder eines allgemeinen Gesetzes. Aber sie betrifft das Verhältnis des eigenen Handelns zu Anderen und insofern hat sie konstitutiv eine soziale Dimension inne. Ein Mensch, der allein leben würde, hätte und bräuchte kein Gewissen. Diese soziale Dimension wird dadurch verstärkt, dass die Einsicht eines von Anderen erlittenen Unrechts zugleich eine bewusste Erfahrung der mit ihnen geteilten Welt ist (*con-scientia*). Es fordert nicht bloß, dass wir handeln, sondern dass wir die Situation einschätzen und beurteilen, die wir mit anderen teilen. Das Wissen um die Welt, das für das Handeln notwendig ist, entspringt einer Forderung des Gewissens und ist ihr nicht äußerlich.

Emmanuel Levinas, der eine Ethik der unbegrenzten Verantwortung für den Anderen in der unmittelbaren Nähe dessen gebietenden Wortes („Du wirst nicht töten") vertritt, verbindet dieses Wissen sogar ausdrücklich mit einer Forderung nach Gerechtigkeit in Anbetracht der Pluralität der Menschen, mit denen wir die Welt teilen. Denn die Beunruhigung des eigenen Willens durch den Ruf des Anderen, der Unrecht erleidet oder erlitten hat, führt in Anwesenheit des Dritten (der bei Levinas für die Pluralität der Menschen steht) dazu, die Frage der Gerechtigkeit zu stellen: Wird die Verantwortung und das Handeln für den Einen nicht ein neues Unrecht gegenüber Anderen verursachen? Und wie kann das Problem der Gewalt des Anderen gegenüber dem Dritten gelöst werden?

„Der Andere und der Dritte, meine Nächsten, Zeitgenossen füreinander, entfernen mich vom Anderen und vom Dritten. ‚Friede, ja Friede, dem Fernen wie dem Nächsten' (Jesaia 57,19), die Schärfe dieser scheinbaren Rhetorik wird nun verständlich. Der Dritte führt einen Widerspruch in das Sagen ein, dessen Bedeutung angesichts des Anderen bis dahin nur in eine einzige Richtung ging. Von selbst findet nun die Verantwortung eine Grenze, entsteht die Frage: ‚Was habe ich gerechterweise zu tun?' Gewissensfrage" (Levinas 1992, S. 343).

Anders als bei Rousseau ist für Levinas die Stimme des Gewissens nicht der Ausdruck einer bloßen Gewissheit des Herzens. Sie ist verbunden mit einer Aufgabe des Denkens beziehungsweise des Nachdenkens, die den Lauf des Handelns unterbricht und ein Werturteil zugleich fordert und ermöglicht.[2] Nur so vermag das Gewissen, dem Handeln eine gerechte Orientierung zu geben.

3) Zuletzt kann das Gewissen als Ergänzung und sogar in manchen Fällen als Korrektiv des Gesetzes oder der in bestimmten Gesellschaften geltenden Normen angesehen werden. Denn auch wenn

---

2 Über diese Aufgabe des Denkens als Nachdenken im Sinne einer Unterbrechung des Handelns und der Vorbereitung eines Urteils vgl. Arendt (1989, S. 190). Diese Unterbrechung des Handelns verweist wiederum bei Levinas auf eine – eschatologische – Unterbrechung der Zeit der Geschichte durch das Wort des Anderen. Gegen Hegels Geschichtsphilosophie, nach der erst im Nachhinein das Urteil der Geschichte die Handlungen der Menschen und vor allem die Ontologie des Krieges rechtfertigt, eröffnet das Wort des Anderen eine Zeitlichkeit der Transzendenz, in der jeder zwar in Beziehung zu den Anderen, aber von sich aus sprechen kann. „Der Friede ereignet sich als diese Fähigkeit zum Wort. Die eschatologische Sicht zerbricht die Totalität der Kriege und Imperien, in denen nicht gesprochen wird. […] Vom Frieden kann es nur eine Eschatologie geben" (Levinas 1987, S. 23 f.; vgl. auch Delhom 2017).

es stimmt, dass manche Inhalte des Gewissens durch die Verinnerlichung geltender sozialer Normen geprägt sind, geht dessen Gültigkeit und Verbindlichkeit über die allgemeinen Normen des Rechts und der sozialen Ordnung hinaus. Es entspricht in diesem Sinne der Billigkeit (*Epieikeia*), die nach Aristoteles eine Form der Gerechtigkeit jenseits des Rechts ist (vgl. Aristoteles 2006 [vor 347 v. Chr.], Buch V, § 14 [1137 a32-1138 a4]). Die Billigkeit geht über das Recht hinaus, weil dieses aufgrund seiner Allgemeinheit nicht alles (gerecht) regeln kann. Sie ergänzt es also in den konkreten Situationen, in denen die bloße Anwendung des Rechts ungerecht wäre. Sie besteht zum Beispiel darin, dass jemand um der Gerechtigkeit willen nicht auf alles besteht, was ihm vom Recht aus zustehen würde (vgl. dazu auch Mieth 1981, S. 168).

Auf ähnliche Weise kann das Gewissen in konkreten Situationen anderes und mehr von uns verlangen als das, was geltende Normen vorschreiben. Es kann sogar sein, dass ein Konflikt zwischen den Forderungen des Gewissens und den Regelungen des Gesetzes entsteht. In solchen Fällen erhält das Gewissen nicht selten, wie die Billigkeit, den Vorrang gegenüber allgemeinen Normen. Es stellt sich aber auch darüber hinaus die Frage, ob ein Gesetz nicht gerade darin seinem Anspruch auf Gerechtigkeit nachkommt, dass es nicht nur die höhere Gerechtigkeit des Gewissens zulässt und ihr einen freien Raum gewährt, sondern dass es sich sogar von ihr beunruhigen lässt und auf die eigene Ungerechtigkeit reflektiert.

3 Frieden und Gerechtigkeit

Nun stellt sich die Frage, welche Rolle das so beschriebene Gewissen im politisch-ethischen Leitbild des gerechten Friedens zukommt oder zukommen sollte. Bevor ich mich dem Leitbild zuwende, scheint es mir allerdings, dass ein Verständnis dieser Rolle kaum möglich ist, ohne in einem breiteren Sinne die Frage des Verhältnisses zwischen Frieden und Gerechtigkeit selbst gestellt zu haben. Dieses Verhältnis ist ein vielfältiges und es wurde in der Geschichte des westlichen Denkens sehr unterschiedlich thematisiert. Ich möchte diese Vielfalt anhand der Unterscheidung zwischen verschiedenen Formen oder Arten der Gerechtigkeit kurz darstellen, die Aristoteles im fünften Buch seiner „Nikomachischen Ethik" (2006 [vor 347 v.Chr.]) eingeführt hat.[3]

I.   Die Gerechtigkeit versteht sich erstens in einem *allgemeinen* Sinn als Einhaltung des Rechts. Der gerechte Frieden wäre demnach derjenige, der mit einer gerechten Rechtsordnung einhergeht. Dies ist unter anderem die Lehre Kants, für den die republikanische Verfassungsordnung innerhalb der Staaten, das Völkerrecht zwischen ihnen und das Weltbürgerrecht als kosmopolitisches Recht ein Rechtsgebäude bilden, das den Frieden herbeizuführen vermag (vgl. Kant 1977b [1796], Abschnitt 2).

II. In einem *partikularen* Sinn bezieht sich weiterhin die Gerechtigkeit entweder auf die Verteilung von Gütern oder auf den Ausgleich von Handlungen.

IIa Dass die *Verteilungs- oder soziale Gerechtigkeit* eine Bedingung des Friedens sein kann, leuchtet insofern ein, als Ungerechtigkeit in der Verteilung von Gütern und vor allem in Bezug auf die Entscheidungsmacht über diese Verteilung zur Not vieler

---

3   Nach Aristoteles, der eine Tugendethik vertritt, ist die Gerechtigkeit nicht nur eine Tugend unter vielen, sondern nach ihrem ersten, allgemeinen Sinn, sogar die Tugend, die alle anderen umfasst. Im Folgenden soll allerdings Gerechtigkeit nicht als Tugend verstanden werden (was sie auch bei den meisten erwähnten Autoren nicht ist), sondern nur die systematische Aufteilung der Gerechtigkeit nach Aristoteles übernommen werden.

beiträgt und ein Gefühl des erlittenen Unrechts hervorruft, das gewaltsame Konflikte auslösen kann. *Si vis pacem, para justitiam distributivam* („Wenn Du den Frieden willst, bereite Verteilungsgerechtigkeit vor"), betitelte deswegen Wolfgang Kersting ein Kapitel seines Buchs über „Recht, Gerechtigkeit und demokratische Tugend" (Kersting 1997, S. 339ff.). Er wies allerdings auch auf die Schwierigkeit hin, eine für alle Menschen gemeinsame Gerechtigkeitsauffassung zu finden, nach der Güter verteilt werden können.

IIb1 Aus ganz anderen Gründen kann auch die *ausgleichende Gerechtigkeit*, zumindest in ihrer *freiwilligen* Spielart, die den freien Tausch und das Vertragswesen regelt, als friedensstiftend angesehen werden. Spätestens seit Thomas Hobbes ist im westlichen Denken die Entstehung des Friedens konstitutiv mit dem Schluss von Verträgen verbunden, die keine Regeln der Gerechtigkeit voraussetzen, sondern aus denen Gerechtigkeit erst entsteht. Denn gerecht ist nach Thomas Hobbes das Einhalten der Verträge und ihrer Bestimmungen, in denen jeder zugunsten eines anderen auf einen Teil seines Rechts auf alles verzichtet, wenn der andere dies auch zu seinen Gunsten tut. *Pacta sunt servanda* („Verträge müssen eingehalten werden") ist entsprechend das dritte Naturgesetz, das „Quelle und Ursprung der Gerechtigkeit" ist und den Frieden in einer durch Verträge geregelten Gesellschaft sichern soll (vgl. Hobbes 1984 [1651], Kap. 15).

IIb2 Die Gerechtigkeit des *unfreiwilligen Ausgleichs*, das heißt der *Strafe*, kann ihrerseits sehr unterschiedliche Funktionen erfüllen. Friedensrelevant scheinen mir besonders drei von ihnen: Die erste ist die Generalprävention. Durch die Androhung und Vollstreckung von Strafen seitens eines Staates, der das Monopol legitimer Gewalt innehat, soll erreicht werden, dass private Gewalt unterbunden und eine friedfertige innerstaat-

liche Ordnung garantiert wird. Zweitens dient die Strafe der
Wiederherstellung des Rechts, das Frieden garantiert und das
sonst beliebig gebrochen werden könnte, was seine Gültigkeit
unterminieren würde. Allerdings darf hierbei nicht übersehen
werden, dass die Strafe selbst kein Ausdruck einer gewaltfreien
Rechtsordnung ist, sondern eine Form der rechtserhaltenden
Gewalt (vgl. Benjamin 1988, S. 53, 61), die selbst von Menschen
erlitten wird. Dazu kommt, dass besonders die präventive
Dimension der Strafe – etwa im Fall von exemplarischen
Strafen – in Widerspruch zu deren Gerechtigkeit stehen kann.
Drittens dient entsprechend die Verhältnismäßigkeit der Strafe
dazu, dass sie als gerecht aufgefasst werden kann und nicht
als ein neues Unrecht, das die Rechtsordnung delegitimieren
und Widerstand hervorrufen kann.

IIc Zwischen dem freiwilligen Ausgleich des Vertrags und dem
unfreiwilligen Ausgleich der Strafe steht eine weitere und
zumindest in der westlichen Moderne neue Praxis der Gerechtigkeit, die Aristoteles entsprechend nicht erwähnen konnte.
Es handelt sich um Prozesse der *Transitional Justice*, die am
Ende eines Unrechtsregimes oder eines kollektiven Verbre-
chens erfolgen. Sie sehen eine freiwillige Beteiligung aller
Betroffenen vor und beinhalten sowohl die Benennung der
begangenen und erlittenen Gewalt als Unrecht wie auch Entscheidungen bezüglich einer möglichen Wiedergutmachung.
Der zu kommende Frieden und die neue gesellschaftliche
Ordnung beruhen auf der Verarbeitung der Vergangenheit
und können nicht, wie in der klassischen Vertragstheorie, als
Verlassen eines fiktiven Naturzustands dargestellt werden
(vgl. Kritz 1995; Biggar 2003).

4 Der gerechte Frieden

Die in der Denkschrift vertretene Theorie des gerechten Friedens übernimmt, ohne sie immer so zu nennen, die meisten Aspekte dieses vielfältigen Verhältnisses zwischen Frieden und Gerechtigkeit, wobei sie sich, so scheint mir, auf zwei von ihnen besonders konzentriert: auf die (globale) Verteilungsgerechtigkeit und auf die Rechtsordnung. Sie betont darüber hinaus die gegenseitige Bestimmung von Frieden und Gerechtigkeit im Rahmen eines Prozesses, der eine Steigerung der (Verteilungs-)Gerechtigkeit mit einer Verminderung der Gewalt (durch Recht) verbindet (vgl. Reuter 2007, S. 179; EKD 2007, Ziff. 80).

In Bezug auf die Verteilungsgerechtigkeit muss allerdings das Leitprinzip des gerechten Friedens der Tatsache Rechnung tragen, dass es auf internationaler Ebene weder allgemein akzeptierte Verteilungskriterien noch eine von allen anerkannte Instanz der Verteilung gibt. Deshalb konzentriert es sich auf die Grundforderung des Abbaus von Not (EKD 2007, Ziff. 83; Reuter 2007, S. 180), wobei damit nicht nur die Sicherung einer Lebensgrundlage im ökonomischen Sinne gemeint ist, sondern auch im Sinne der Erhaltung und Entfaltung einer Existenz in Würde, die mit Grundfreiheiten verbunden ist. Die Verteilungsgerechtigkeit berücksichtigt also auch das menschliche „Recht auf Entwicklung" im Sinne „der Erweiterung von Fähigkeiten zur selbstbestimmten Verbesserung der Lebenssituation des Einzelnen" (Reuter 2007, S. 187), in Anlehnung an die Gerechtigkeitstheorien von Amartya Sen und Martha Nussbaum. Auf kollektiver Ebene fordert sie ein entsprechendes Recht auf kulturelle Vielfalt und auf die kulturelle Entwicklung kollektiver Subjekte.

Auch die Entstehung und Gestaltung einer Rechtsordnung bezieht sich auf Rechte der Menschen und Bürger. Sie konzentriert sich allerdings nicht auf deren Verteilung, sondern auf den Schutz

der Menschen, die durch Missachtung ihrer Grundrechte verletzt
werden können. Ihre erste Aufgabe ist also der Schutz vor Gewalt.
Dieser soll, mit Immanuel Kant gesprochen und gedacht, nicht nur
innerstaatlich, sondern auch zwischen den Staaten und kosmopo-
litisch realisiert werden, was eine mehrschichtige Rechtsordnung
erfordert. Die Basis dieser Rechtsordnung im Dienst des Friedens
bilden die Menschenrechte.

Hier stellt sich allerdings die Frage der Sicherung dieser Rechtsordnung, die sowohl als Garantie der Einhaltung der Menschenrechte wie auch als kollektive Friedenssicherung dargestellt wird
(vgl. EKD 2007, Ziff. 87ff.). Diese Frage wird weitgehend als eine
Frage der unfreiwilligen Ausgleichsgerechtigkeit gestellt, die nicht
nur Individuen in der Form von Strafen betrifft und von nationalen
und internationalen Strafgerichtshöfen vollzogen wird, sondern
auch im Notfall und als *ultima ratio* gegen Staaten vollstreckt
werden soll, die Menschen massiv verletzen und/oder den Schutz
der Menschenrechte nicht gewähren. Auch wenn der Begriff des
gerechten Krieges hier als überholt dargestellt wird und entsprechend nur von „rechtserhaltender Gewalt" die Rede ist, sind die
Kriterien, nach denen diese Gewalt auf allen Ebenen der Rechtsordnung erlaubt werden soll, ausdrücklich diejenigen des gerechten
Krieges (vgl. EKD 2007, Ziff. 99). Es scheint, dass die Theorie des
gerechten Friedens sowohl die Notwendigkeit solcher rechtserhaltenden Gewalt (deren Diskussion in der Denkschrift viel Platz
einnimmt) wie auch die Kriterien ihrer Anwendung weitgehend
akzeptiert und den Widerstand gegen ihre Gewaltsamkeit auf das
individuelle Gewissen und in Bezug auf individuelle Handlungen und Haltungen überträgt. Eine grundsätzliche Kritik dieser
strukturellen Gewaltsamkeit auf der Basis des Gewissens sucht
man in ihr vergeblich.

Neben dieser Herstellung und der Erhaltung einer umfassenden Rechtsordnung zum Schutz der Menschen werden allerdings

etwa von Pierre Allan, wenn auch im Rahmen eines anderen Ansatzes zum gerechten Frieden[4], noch weitere Bedingungen eines gerechten Friedens im Sinne eines sozialen und politischen Prozesses eingeführt (Allan 2007, S. 149ff.). Er nennt vier solche Bedingungen eines formalen und prozeduralen (nicht bereits inhaltlich festgelegten) Konzepts des gerechten Friedens. Die erste ist die *Anerkennung* durch jede Konfliktpartei des *Existenzrechts* der Anderen in Freiheit und Würde. Sie ist die Bedingung ihrer Teilhabe an einem Friedensprozess beziehungsweise an einer gemeinsamen Ordnung. Die zweite ist darüber hinaus die *Anerkennung* durch die sozialen und politischen Akteure der individuellen und vor allem der kollektiven *Identität* anderer Menschen und Gruppen. Sie geht einher mit dem Verständnis der Sichtweise der Anderen sowie der eigenen Sichtweise als solcher und bildet so die Grundlage einer gemeinsamen Zustimmung zur geteilten Ordnung.[5]

Diese beiden Bedingungen gehören nicht im eigentlichen Sinne zu einer bestimmten Auffassung der Gerechtigkeit. Sie bilden aber die Grundlage dafür, dass sich erstens diese Frage überhaupt stellt (denn warum sollte sich jemand um Gerechtigkeit kümmern, der oder die das Recht der anderen prinzipiell nicht anerkennt?) und

---

4   Allan vertritt zwar einen formalen Ansatz, der nicht versucht, Gerechtigkeit inhaltlich zu bestimmen, sondern vier formale Kriterien benennt, die einen Prozess der Friedensstiftung ermöglichen, im Rahmen dessen erst dann inhaltliche Bestimmungen des gerechten Friedens entstehen (vgl. hierzu Strub 2007, S. 194 f.). Ich glaube allerdings nicht, dass diese Kriterien im Widerspruch zum Ansatz der EKD stehen. Sie können ihn sogar in mancher Hinsicht sinnvoll ergänzen.

5   In einem ähnlichen Sinne spricht Hannah Arendt – in Anlehnung an Kants Begrifflichkeit – von der politischen Relevanz einer „erweiterten Denkungsart", die die Sichtweise der Anderen einbezieht und ein kritisches Denken ermöglicht (vgl. Arendt 1982, S. 210).

dass sie auch gerecht, das heißt im Sinne aller, behandelt und vielleicht beantwortet wird.

Die dritte von Allan genannte Bedingung des gerechten Friedens ist der *Verzicht* (Allan 2007, S. 152 f.). Dieser betrifft eigene Rechte und Vorteile, Positionen und Glaubenssätze, und drückt sich in Zugeständnissen und Kompromissen aus. Ein solcher Verzicht bildet die Grundlage jedes Vertrags und auf besondere Weise des Friedensvertrags, wie er seit Hobbes verstanden wird. Er ist also ein konstitutiver Bestandteil jeder freiwilligen Ausgleichsgerechtigkeit und insofern trägt er zur Gerechtigkeit des Friedens bei. Auch wenn Allan dies nicht ausdrücklich erwähnt, betrifft aber der Verzicht auch die Gewalt als Mittel der Durchsetzung des eigenen Rechts. Wie Hans-Richard Reuter betont, ist Frieden „zuerst das Werk des Gewaltverzichts" (Reuter 2007, S. 179). Zu erwähnen wäre darüber hinaus auch eine ganze Tradition des Denkens über das Verzeihen, das als Verzicht auf Wiedergutmachung verstanden wird (vgl. Rauen 2015).

Viertens verweist Allan auf die Notwendigkeit *gemeinsamer Regeln*, um den Prozess der Friedensfindung und -gestaltung gemeinsam zu beschreiten. Diese Regeln können allerdings nicht immer vorausgesetzt werden. Sie sind nicht selten selber Bestandteil der Friedensverhandlungen und der damit einhergehenden Zugeständnisse und Kompromisse. Ihre öffentliche Ausarbeitung und Proklamierung ist aber eine Bedingung der Legitimität und der Zuverlässigkeit getroffener Vereinbarungen.

Viel mehr als die Herstellung und Erhaltung einer geltenden Rechtsordnung scheinen solche „weichere", wenn auch nicht weniger notwendige Bedingungen eines als Prozess und als unendliche Aufgabe verstandenen gerechten Friedens der Ort zu sein, an dem das Gewissen eine entscheidende Rolle zu spielen hat. Von der Wirksamkeit des Gewissens wird aber auch die Rechtsordnung nicht unberührt bleiben können.

5   Die Rolle des Gewissens

Die erste Rolle des Gewissens im Leitbild des gerechten Friedens liegt in seiner *hemmenden Wirkung*. Das Gewissen bewirkt ein Innehalten des Handelns angesichts der Möglichkeit, dass dieses von anderen als Gewalt, als Ungerechtigkeit oder als Unrecht erlitten wird. Es führt also zum Verzicht der Einzelnen auf die eigene Gewalt, ja, auf das eigene Recht (nicht nur im Rahmen eines Ausgleichs), wenn dieses von anderen als Ungerechtigkeit erlitten wird.

Das Gewissen geht aber auch mit einer Beunruhigung angesichts der Not Anderer einher. Denn der Schutz vor solcher Not setzt nicht erst mit institutionalisierten Formen der Verteilungsgerechtigkeit ein, sondern mit der Anerkennung des Anderen als eine Person, die ein Recht auf eine Existenz in Würde und auf die Entfaltung ihrer Fähigkeiten hat und deren Recht verletzt werden kann. Wenn diese Not und diese Verletzung durch andere oder durch die Auswirkungen einer ungerechten Ordnung entstehen, ist der bloße Verzicht auf eigene Gewalt keine hinreichende Antwort. Das Gewissen ruft nach Gerechtigkeit und nach Institutionen, die sie durchsetzen können. Aber wiederum kann das Gewissen nicht umhin, ohne sich selbst zu leugnen, von der möglichen Gewalt dieser Institutionen im Namen der Gerechtigkeit beunruhigt zu werden. Denn auch sie wird von Menschen erlitten, die ein Recht auf ein Leben in Würde haben. Es gibt kein gutes Gewissen im Ungerechten. Deswegen lässt das Gewissen nicht zu, dass es ausschließlich eine hemmende Funktion innehat.

Die zweite Rolle des Gewissens im Leitbild des gerechten Friedens muss also in einer Suche nach *Orientierung* bestehen. Das Innehalten des Handelns darf nicht nur als Verzicht verstanden werden, sondern immer auch als eine Aufgabe des Denkens und des Nachdenkens im Arendtschen Sinne. Es handelt sich zuerst um eine Aufgabe der Einsicht, dass in einer bestimmten Situation etwas durch jeweils mich unter Berücksichtigung der Sichtweise der Anderen getan werden soll. Was ich tun soll, ist hierbei eine Frage der Gerechtigkeit und, wie Levinas es ausdrückte, eine Gewissensfrage. Soll sie dem (gerechten) Frieden dienen, ist sie eine Frage, die nur in Kooperation mit den anderen Menschen oder Gruppen gestellt und beantwortet werden kann.

Zu dieser Aufgabe gehört auch die öffentliche Aushandlung von Kompromissen durch den vertretbaren Verzicht auf ein Teil der eigenen Ansprüche und Rechte und durch Zugeständnisse, die eine Anerkennung und ein Verständnis der Identität der Anderen voraussetzen (vgl. Margalit 2010). Diese öffentliche Aushandlung betrifft auch die Regeln, nach denen wir uns im Prozess der Einigung orientieren können und sollen, bis hin zur Ausarbeitung eines gesetzlichen Regelwerks, das der gerechten Friedensordnung Halt und Substanz verleiht.

Darüber hinaus hält das nach Orientierung suchende Gewissen auch zum Einhalten dieser Regeln sowie der Verträge an, die wir auf der Suche nach einem gerechten Frieden geschlossen haben. Die Formel *pacta sunt servanda* wäre eine leere Formel oder eine Tautologie, wenn sie nicht auf eine bindende Kraft verweisen könnte, die nicht selber Inhalt der Verträge sein kann und auch nicht durch die bloße Androhung repressiver Gewalt ersetzt werden sollte. Das Gewissen spielt hier die Rolle, die nach Kant das Gefühl der Achtung vor dem Gesetz (vgl. Kant 1974 [1785], S. 27 f.) spielt: Es bewirkt, dass das Gesetz für uns verbindlich wird. So verstand auch Sokrates seine Verpflichtung gegenüber den Gesetzen Athens.

Zuletzt kommt dem Gewissen eine dritte, *korrektive* Rolle hinsichtlich gerade dieser Regelungen und Gesetze zu, die es selbst im Namen der Gerechtigkeit fordert. Denn genauso, wie es von der möglichen Gewalt von Handlungen beunruhigt wird, die eigentlich Not lindern wollen, so wird es von der möglichen Gewalt von

Regeln und Gesetzen beunruhigt, die als Garanten des gerechten Friedens eingesetzt werden. Der Ruf des Gewissens wird nicht durch die Rechtfertigung oder Legitimierung „rechtserhaltender Gewalt" im Dienst des gerechten Friedens zum Schweigen gebracht. Es kann sich auch nicht mit der Verschiebung des Widerstands gegen diese Gewalt auf das Gewissen der einzelnen Akteure (wie dies in der Denkschrift geschieht)[6] zufrieden geben. Im Gegenteil muss es selber die – zum Teil unvermeidbare – Ungerechtigkeit der Rechtsordnung sowie die Gewalt der Rechtserhaltung im Namen der Billigkeit kritisieren, nach Alternativen suchen (etwa der *Transitional Justice*) oder zumindest nicht denken, dass mit der Ausarbeitung von Regeln und Kriterien die Aufgabe des Denkens jemals abgeschlossen werden kann.

Das Gewissen ist also im Rahmen des Strebens nach einem gerechten Frieden eine mehrfache treibende Kraft. Es unterbricht das Handeln und zwingt zum Nachdenken, es dient der Orientierung und verpflichtet auch die Einzelnen, in seinem Sinne zu handeln, es beunruhigt aber auch diejenigen, die meinen, im Namen der Gerechtigkeit und des Friedens bestimmte Formen der Gewalt und der Ungerechtigkeit mit gutem Gewissen rechtfertigen zu können. Denn sobald es zum *guten* Gewissen geworden ist, hat das Gewissen bereits aufgehört, Gewissen zu sein. Es ist somit einer der Gründe, warum die Aufgabe des Friedens als kooperativer Prozess eine immerwährende Aufgabe ist und bleibt.

---

6 Auch in der Denkschrift sind etwa die Gleichbehandlung der NATO und der OSZE als Organe der Friedenssicherung (EKD 2007, Ziff. 139 f.) oder die kritiklose Übernahme aller Kriterien des gerechten Krieges als Kriterien der „rechtserhaltenden Gewalt" Elemente, mit denen sich das Gewissen des im Sinne eines gerechten Friedens Nachdenkenden kaum zufrieden geben kann.

Literatur

Allan, Pierre. 2007. Der gerechte Friede in vergleichender Perspektive. In *Der gerechte Friede zwischen Pazifismus und gerechtem Krieg. Paradigmen der Friedensethik im Diskurs*, hrsg. von Jean-Daniel Strub und Stefan Grotefeld, 145-168. Stuttgart: Kohlhammer.

Arendt, Hannah. 1982. *Vom Leben des Geistes II – Das Wollen*. 2. Aufl. München: Piper.

Arendt, Hannah. 1989. *Vom Leben des Geistes I – Das Denken*. München: Piper.

Aristoteles. 2006 [vor 347 v.Chr.]. *Nikomachische Ethik*. Reinbek: Rowohlt.

Benjamin, Walter. 1988. Zur Kritik der Gewalt. In *Angelus Novus. Ausgewählte Schriften 2*, 42-66. Frankfurt a. M.: Suhrkamp.

Biggar, Nigel (Hrsg.). 2003. *Burying The Past. Making Peace and Doing Justice After Civil Conflict*. Expanded and Updated Edition. Washington, DC: Georgetown University Press.

Camus, Albert. 1969. *Der Mensch in der Revolte*. Reinbek: Rowohlt.

Camus, Albert. 2013. Die Gerechten. In *Sämtliche Dramen*, 253-323. Reinbek: Rowohlt.

Evangelische Kirche in Deutschland (EKD). 2007. *Aus Gottes Frieden leben – für gerechten Frieden sorgen. Eine Denkschrift des Rates der Evangelischen Kirche in Deutschland*. Gütersloh: Gütersloher Verlagshaus.

Delhom, Pascal. 2007. Das Wagnis des Vertrauens. In *Denkwege des Friedens*, hrsg. von Alfred Hirsch und Pascal Delhom, 334-361. Freiburg: Alber.

Delhom, Pascal. 2017. La paix comme aptitude à la parole. In *Totalité et Infini. Une œuvre de ruptures*, hrsg. von Éric Hoppenot, Michel Olivier und Joëlle Hansel. Paris: Manucius.

Heidegger, Martin. 1953. *Sein und Zeit*. Tübingen: Niemeyer.

Hobbes, Thomas. 1984 [1651]. *Leviathan oder Stoff, Form und Gewalt eines kirchlichen und bürgerlichen Staates*. Frankfurt a. M.: Suhrkamp.

Jaspers, Karl. 1956. *Philosophie. II. Existenzerhellung*. Berlin: Springer.

Kant, Immanuel. 1974 [1785]. *Grundlegung zur Metaphysik der Sitten*. Werkausgabe Band VII, hrsg. von Wilhelm Weischedel. Frankfurt a. M.: Suhrkamp.

Kant, Immanuel. 1977a [1797]. *Die Metaphysik der Sitten*. Werkausgabe Band VIII, hrsg. von Wilhelm Weischedel. Frankfurt a. M.: Suhrkamp.

Kant, Immanuel. 1977b [1796]. Zum ewigen Frieden. Ein Philosophischer Entwurf. In *Schriften zur Anthropologie, Geschichtsphilosophie, Politik und Pädagogik 1*, Werkausgabe Band XI, hrsg. von Wilhelm Weischedel, 191-251. Frankfurt a. M.: Suhrkamp.

Kersting, Wolfgang. 1997. *Recht, Gerechtigkeit und demokratische Tugend*. Frankfurt a. M.: Suhrkamp.

Kritz, Neil J. (Hrsg.). 1995. *Transitional Justice. How Emerging Democracies Reckon with Former Regimes: General Considerations*. Vol. 1. Washington, D. C.: United States Institute of Peace Press.

Levinas, Emmanuel. 1987. *Totalität und Unendlichkeit. Versuch über die Exteriorität*. Freiburg: Alber.

Levinas, Emmanuel. 1992. *Jenseits des Seins oder anders als Sein geschieht*. Freiburg: Alber.

Levinas, Emmanuel. 1995. Der Andere, die Utopie und die Gerechtigkeit. In *Zwischen uns. Versuche über das Denken an den Anderen*, aus dem Französischen von Frank Miething, 265-278. Wien: Hanser.

Margalit, Avishai. 2010. *On Compromise and Rotten Compromises*. Princeton, NJ: Princeton University Press.

Mieth, Dietmar. 1981. Gewissen. In *Christlicher Glaube in moderner Gesellschaft. Enzyklopädische Bibliothek in 30 Teilbänden, Teilband 12*, hrsg. von Franz Böckle, Franz-Xaver Kaufmann, Karl Rahner und Bernhard Welte, 138-181. Freiburg: Herder.

Platon 1998a [um 385 v. Chr.]. Apologie des Sokrates. In *Sämtliche Dialoge*. Band I. Hamburg: Meiner.

Platon 1998b [361-347 v. Chr.]. Kriton. In *Sämtliche Dialoge*. Band I. Hamburg: Meiner.

Platon. 1998c [399-388 v. Chr.]. Der Größere Hippias. In *Sämtliche Dialoge*. Band III. Hamburg: Meiner.

Rauen, Verena. 2015. *Die Zeitlichkeit des Verzeihens. Zur Ethik der Urteilsenthaltung*. München: Fink.

Reuter, Hans-Richard. 2007. Was ist ein gerechter Frieden? Die Sicht der christlichen Ethik. In *Der gerechte Friede zwischen Pazifismus und gerechtem Krieg. Paradigmen der Friedensethik im Diskurs*, hrsg. von Jean-Daniel Strub und Stefan Grotefeld, 175-190. Stuttgart: Kohlhammer.

Rousseau, Jean-Jacques. 1998 [1762]. *Emil oder Über die Erziehung*. Paderborn: Schöningh.

Schües, Christina. 2004. Moralische Einsicht. In *Angewandte Ethik im Spannungsfeld von Begründung und Anwendung*, hrsg. von Hans Friesen und Karsten Berr, 89-107. Frankfurt a. M.: Lang.

Strub, Jean-Daniel. 2007. Wofür steht das Konzept des gerechten Friedens? Replik auf Hans-Richard Reuter. In *Der gerechte Friede zwischen Pazifismus und gerechtem Krieg. Paradigmen der Friedensethik im Diskurs*, hrsg. von Jean-Daniel Strub und Stefan Grotefeld, 191-207. Stuttgart: Kohlhammer.

Weber, Max. 1988. Politik als Beruf. In *Gesammelte Politische Schriften*, hrsg. von Johannes Winckelmann, 505-560. Tübingen: J. C. B. Mohr.

Frieden – Ethik – Politik
Versuch einer Zusammenschau

Jean-Daniel Strub

1 Frieden

Die in diesem Band versammelten Beiträge behandeln unterschiedlichste Facetten einer Frage, welche die Debatte um das Leitbild des gerechten Friedens begleitet, seit sie zum Ende der 1980er-Jahre in Gang gekommen ist. Im Grunde ist die Frage aber noch viel älter, schwingt sie doch bereits seit frühmittelalterlichen Auseinandersetzungen um die Legitimität von Kriegsgründen und die Legitimität der Kriegsführung in den Kontroversen mit. Und erst recht kommt sie zum Ausdruck, wenn das Motto „Si vis pacem, para pacem" in Erinnerung gerufen wird, wie es beispielsweise Christina Schües in ihrem Beitrag tut. Dieser Grundsatz, wonach den Frieden vorzubereiten habe, wer den Frieden wolle, steht, so Schües, dafür, den „Frieden in eine bestimmte moralische Ordnung" (Beitrag Schües in diesem Band) zu stellen. Er bringt zum Ausdruck, was den Friedensbegriff auszeichnet, nämlich die Tatsache, dass er einen normativen Gehalt aufweist. Frieden, so legt wiederum Schües dar, ist per se ein Begriff, der das Handeln orientiert und einen Praxisbezug aufweist.

© Springer Fachmedien Wiesbaden GmbH, ein Teil von Springer Nature 2018 129
S. Jäger und J.-D. Strub (Hrsg.), *Gerechter Frieden als politisch-ethisches Leitbild*, Gerechter Frieden, https://doi.org/10.1007/978-3-658-21757-0_7

Die verbindende Frage zwischen den Beiträgen im vorliegenden Band ist denn auch die Frage nach der Normativität des Friedensbegriffs. Welcher handlungsleitende Gehalt ist dem Frieden eigen? Welcher Einordnungen, welcher zusätzlicher Qualifizierungen und welchen normativen Bezugsrahmens bedarf es, damit Frieden menschliches Handeln so zu orientieren vermag, dass er nachhaltig, dauerhaft und als sich selbst aufrechterhaltender Prozess abnehmender Gewalt und zunehmender Gerechtigkeit in Gang gesetzt und etabliert werden kann? Frieden, so zeigt die im vorliegenden Band geführte Auseinandersetzung mit dem Begriff und seinen Implikationen, ist ein in normativer Hinsicht höchst anspruchsvoller Ausdruck. Er lässt, woran Christoph Seibert und Pascal Delhom erinnern, unterschiedliche Eingrenzungen zu und bleibt gleichwohl prinzipiell unabgeschlossen und fragil.

Die Frage nach der Normativität des Friedens und seinem handlungsleitenden, orientierenden Gehalt wird in der christlichen Friedensethik seit jeher auch als Frage danach gestellt, wie viel Gerechtigkeit der Frieden braucht, um ein Frieden zu sein, der zu Recht als solcher bezeichnet wird und das Handeln in jene Richtung orientiert, die dazu beitragen kann, die gesellschaftlichen Prozesse so zu lenken, dass Frieden dauerhaft ermöglicht wird. Zweifellos ist es aber nicht allein die Frage nach dem Wesen des Friedens – also die Frage danach, was Frieden *ist* –, die hinter der Kontroverse um den engen und den weiten, negativen und positiven Friedensbegriff steht, an die Christoph Seibert in seinem Beitrag anknüpft. Sondern es ist auch die Frage nach dem normativen Gehalt, der dem Friedensbegriff zugesprochen wird: Welches Ideal spannt die Rede vom Frieden auf? Inwieweit ist dabei die Frage nach der (menschlichen) Sicherheit im Vordergrund oder inwieweit rückt das weiter gehende Erfordernis der Gerechtigkeit als Friedensbedingung in den Blick? Die Antwort der christlichen Friedensethik scheint eindeutig: Frieden ist ohne Gerechtigkeit nicht zu haben, der enge Friedensbegriff bezeichnet bestenfalls eine Schrumpfform von Frieden, die zu erreichen in der Realität zwar eine oftmals viel zu komplexe politische Aufgabe darstellt, die aber in normativer Hinsicht nicht als zureichende Orientierung zu dienen vermag, um die individuelle und die kollektive Friedenspraxis anzuleiten. Vielmehr kann Frieden ohne Gerechtigkeit kein Frieden sein, auch wenn mit dieser Festlegung ein Ideal in den Blick kommt, das gerade dadurch charakterisiert ist, dass es prinzipiell unerreichbar scheint. Diese Überzeugung und normative Festlegung ist im Leitbild des gerechten Friedens kondensiert, wie es sich im friedensethischen Diskurs etabliert hat.

Nun ist diese Frage nach dem normativen Gehalt des Friedensbegriffs beziehungsweise nach dem Ideal, das je nach propagiertem Friedensverständnis im Raum steht, keineswegs neu. Sie begleitet die friedensethische Debatte vielmehr seit jeher. Sie ist – was Christoph Seibert zu Recht festhält – aber stets in Erinnerung zu behalten, wenn nach der handlungsleitenden, orientierenden Funktion des Leitbilds des gerechten Friedens gefragt wird. Entsprechend schwingt diese Fragestellung auch in den hier versammelten Beiträgen mit und wird mehrfach zum Gegenstand der Reflexion.

2   Ethik

Die Vermittlung von Ideal und Realität, von normativer Zielvorgabe und politischer Praxis, ist der Ort, wo das Konzept des Leitbilds theoretisch zu verorten ist und seine klärende Funktion einnehmen kann. Diese Vermittlung ist aber auch der Ort, wo die Ethik – als Orientierungswissenschaft im Bereich der Moral – ins Spiel kommt. Denn, offenkundig geht die friedensethische Debatte darüber, welche Praxistauglichkeit dem Konzept des gerechten Friedens zuzugestehen ist, welche Haltung sich aus ihm bezüglich

der Anwendung militärischer Gewalt ableiten lässt oder welche so-
zioökonomischen Handlungsfelder in normativer Hinsicht prioritär
zu gewichten sind, in unverminderter Breite weiter. Gleichwohl
wird weiterhin nur sehr selten in Abrede gestellt, *dass* der gerechte
Frieden als Leitbegriff einer politikbezogenen christlichen Friedensethik plausibel, ja alternativlos ist. Dies deshalb, weil in diesem
Konzept sowohl die biblischen als auch die philosophischen und
die friedenswissenschaftlichen Quellen einer aktuellen kirchlichen
Friedensethik gleichsam paradigmatisch zusammenfinden.

  An der ethischen Auseinandersetzung mit dem Leitbegriff
gerechter Frieden ist es, dessen orientierende Funktion zu erschließen. Wie Tobias Zeeb in seinem Beitrag im vorliegenden
Band ausführt, liegt hier denn auch die Funktion dessen, was
den gerechten Frieden als Leitbild im Kern ausmacht. Ein Leitbild nehme nämlich, so Zeeb, eine „vermittelnde Funktion" ein
zwischen ethischen Grunddispositionen – also der erwähnten
grundsätzlichen ethischen Plausibilität einer Orientierung am
Begriff des gerechten Friedens für eine kirchliche Friedensethik –
und „der Erfahrungswirklichkeit, in der gehandelt werden muss"
(vgl. Beitrag Zeeb in diesem Band). Diese Vermittlung lasse sich als
„Orientierung" auffassen. Die Funktion des Leitbilds ist es dann,
so fährt Zeeb fort, „Orientierung zu ermöglichen, indem es die
ethischen Grundentscheidungen einer Gruppe, von denen eine
handlungsleitende Orientierung erwartet wird, in Beziehung setzt
mit der Situation, in der gehandelt – und sich über gemeinsames
Handeln verständigt – werden muss" (Beitrag Zeeb in diesem
Band, S. 74). Auf diese Weise gefasst fungiert der Leitbildbegriff
als Scharnier mit hohem Potenzial, weil er eben normatives Ideal
und politische Realität nicht in unauflöslicher Spannung zueinander verharren lässt. Vielmehr deutet er darauf hin, dass erst in
der Vermittlung von Ideal und Realität im Hinblick auf die im

Leitbild repräsentierte Vorstellung eines gerechten Friedens die
Orientierung zu gewinnen ist, welche für die Praxis benötigt wird.

Dass der Handlungsbezug der Ethik genau in diesem Sinn
nicht – oder jedenfalls nicht ausschließlich – als direkte Beziehung
zwischen ethischer Norm und praktischer Umsetzung verstanden
werden darf, betont mit Bezugnahme auf das Konzept gerechter
Frieden auch der Beitrag von Christoph Seibert. Ethik, so Seibert,
orientiert nie unmittelbar, sondern sie „orientiert das normative
Denken über Praxis zum Zwecke einer Orientierung von Praxis am
Ort handelnder Verantwortungsträger" (Beitrag Seibert in diesem
Band, S. 17). Das sei deshalb bedeutsam, weil die Annahme einer
direkten Beziehung zwischen normativem Ideal und praktischer
Handlung, also die Vorstellung, dass sich aus der Norm unmittelbar
die praktische Konsequenz ableiten lasse, zu einer Entlassung des
Individuums aus seiner eigentlichen Verantwortung als handelndes
Subjekt führte. Und damit ginge Seibert zufolge so etwas wie eine
Entleerung des ethischen Anspruchs an das Individuum einher,
was dem Wesen ethischer Orientierung gerade zuwiderliefe. „In
dieser Perspektive", so folgert Seibert, „leistet Ethik primär also
nicht mehr, aber auch nicht weniger als eine Orientierung des
Denkens" [Hervorhebung hinzugefügt] (vgl. Beitrag Seibert in
diesem Band, S. 17).

Selbstverständlich wird auch der Handlungsbezug der Ethik
breit und differenziert debattiert – wobei natürlich auch von dieser
bei Seibert zu findenden Darstellung abweichende Sichtweisen
vertreten werden. Wie der vorliegende Band zeigt, lässt sich aus
einer Verortung des Leitbilds gerechter Frieden – verstanden in
seiner Vermittlungsfunktion zwischen normativem Ideal und politischer Aufgabe – in einem solchen Verständnis des Praxis- und
Handlungsbezugs der Ethik aber doch eines mit Bestimmtheit
gewinnen: Nämlich die Bedeutung des handelnden und reflektie-
renden Individuums, wo immer es darum geht, Normativität in

tätige Praxis zu lenken. Ein Leitbild gerechter Frieden, das einen anspruchsvollen Friedensbegriff konstitutiv mit Gerechtigkeit verbindet, vermag in dieser Hinsicht jedenfalls dort Orientierung zu stiften, wo das Gewissen als „treibende Kraft", wie Pascal Delhom es in seinem Beitrag bezeichnet, ins Spiel kommt. Als solche treibende Kraft manifestiere sich das Gewissen, wie Delhom ausführt, als „Ruf, etwas als die eigene Aufgabe wahrzunehmen und Verantwortung dafür zu übernehmen. Derjenige, den dieser Ruf ereilt, fühlt sich dann verpflichtet, nach seinem Gewissen (als verbindlichem Beweggrund) und nach bestem Gewissen (als Maß) zu handeln" (Beitrag Delhom in diesem Band, S. 111). Es könnte dann just der hohe normative Anspruch des Leitbilds gerechter Frieden sein, der einen solchen Ruf des Gewissens gewissermaßen in Gang setzt und als solcher – beim Individuum oder bei einem (beispielsweise kirchlichen) Kollektiv – ebenso orientierend wie handlungsleitend einwirkt darauf, dass sie sich auf der Grundlage dieses Leitbilds in die politische Friedensaufgabe einzubringen vermögen. Und gerade dies ist als Anspruch jedenfalls in der EKD-Denkschrift von 2007 ja explizit festgehalten.

3   Politik

Wie dieses Einbringen in die politische Friedensaufgabe von der Friedensdenkschrift her verstanden werden kann, ist Gegenstand des Beitrags von Christina Schües. Anhand der Auseinandersetzung mit der Frage nach dem Praxis- und damit dem Politikbezug der Friedensdenkschrift und dem dort vorgestellten Leitbild des gerechten Friedens legt sie dar, dass die Entwicklung des Leitbilds in der Perspektive der Denkschrift bereits selbst eine Friedenspraxis ist. Es ist also, so könnte man Schües verstehen, auch hier nicht das eigentliche Handeln für den Frieden, dem das Leitbild Orientierung bietet, sondern es ist die Verständigung über das, was dem Handeln für den Frieden vorauszugehen hat, die orientiert wird: „Friedenspraxis", so Schües, „heißt hier somit, die Formulierungen von Aufgaben, Konkretisierungen und Voraussetzungen für ein Handeln im Sinne des gerechten Friedens selbst bereits als eine Praxis zu verstehen. Die Theorie ist nicht einfach aus- oder vorgelagert, sondern wird selbst zur Praxis" (Beitrag Schües in diesem Band, S. 92). Fasst man dies als *Friedenspraxis* und damit als eine der Aufgaben, die das Leitbild des gerechten Friedens einer an ihm orientierten *Friedensethik* vorgibt, so lässt sich eine weitere Linie zeichnen, die eint, was in den hier versammelten Beiträgen aus so diversen Blickwinkeln betrachtet wird: Eine der wichtigsten Stärken der Konzeptualisierung des gerechten Friedens als Leitbild liegt gerade darin, dass es zwar den zugrunde gelegten Friedensbegriff in seiner Normativität umfassend widerspiegelt, dass es aber zugleich nur mittelbar und nie direkt in der Anwendung auf konkrete Konfliktkonstellationen seinen ultimativen Prüfstein findet.

Unzweideutig transportiert dieses Leitbild des gerechten Friedens nicht nur einen umfassenden theoretischen Anspruch, sondern markiert auch eine äußerst ambitionierte Zielsetzung, wenn auf aktuelle globale Herausforderungen geblickt wird. Angesichts des dramatischen Bedeutungsverlustes multilateraler Institutionen wie der Vereinten Nationen – wohl bewusst betrieben von jenen Weltmächten, die in dieser Institution das letzte Wort haben – wird etwa die wichtige Frage nach der rechtserhaltenden Gewalt nur umso schwieriger zu beantworten. Denn es scheint fraglich, ob der gemäß Leitbild nahezu einzige vorstellbare Akteur legitimer Gewaltausübung im zwischenstaatlichen Bereich – eben die Vereinten Nationen mit ihrer eminenten friedenssichernden Rolle – je wieder in die Lage kommen wird und der dafür nötige politische Wille vorhanden ist, die Rolle, die ihm im Konzept der rechtserhaltenden Gewalt zugeschrieben wird, einzunehmen.

Erst recht ist fraglich, ob eine alternative Institution je diese Rolle wird ausfüllen können, geschweige denn, ob dies wünschenswert wäre. Umso mehr gilt es aus friedensethischer Perspektive – und womöglich, mit Pascal Delhom, auch als vom Gewissen vorgegebene Aufgabe –, der Stärkung der Vereinten Nationen Priorität einzuräumen. Der Blick auf aktuelle globale Konfliktherde gebietet aber auch zu erfassen, wie komplex es ist, das herzustellen, was der enge Friedensbegriff bezeichnet, und sich bewusst zu sein, dass bereits ein solcher Friedenszustand in vielen Weltgegenden eine dramatische Verbesserung der Lebenssituation zahlloser Menschen bedeuten würde.

Dafür, dass der große Bogen, den das umfassende Friedensverständnis der Denkschrift aufspannt, gleichwohl auch in der gegenwärtigen Situation Orientierung zu bieten vermag und die Spannung, die zwischen der Zielvorgabe gerechter Frieden und der politischen Realität herrscht, überbrückt werden kann, steht der Begriff des Leitbilds. Den gerechten Frieden eben nicht als unmittelbar handlungsleitendes Konzept aufzufassen, sondern im Sinne eines Leitbilds vielmehr als Ensemble orientierender, bildhafter Vorstellungen, die jeweils zu übersetzen sind im Hinblick auf das konkrete Friedenshandeln in konkreten Konfliktkonstellationen, wird gewiss der Vielschichtigkeit des friedensethischen Leitbegriffs gerecht. Auch vermag es zu illustrieren, weshalb eine Anwendung des Leitbilds auf einen konkreten Konfliktfall jenen „differenzierten Konsens" (der letztlich ja eher ein moderierter Dissens ist) zur Folge haben kann, der in der Afghanistan-Debatte manche irritierte. Ob eine Klärung dessen, was der Leitbildbegriff impliziert – wozu der vorliegende Band einen Beitrag zu leisten versucht –, gerade einer binnenkirchlichen friedensethischen Debatte dabei behilflich ist, diesen Dissens produktiv für die eigene Positionierung fruchtbar zu machen, wird weiter zu beobachten und gegebenenfalls an anderer Stelle zu untersuchen sein.

Autorinnen und Autoren

Pascal Delhom, Dr. phil., Akademischer Rat am Philosophischen Seminar der Europa-Universität Flensburg

Sarah Jäger, Dr. des. theol., Wissenschaftliche Mitarbeiterin an der Forschungsstätte der Evangelischen Studiengemeinschaft e. V. in Heidelberg

Christina Schües, Dr. phil. habil., Professorin für Philosophie am Institut für Medizingeschichte und Wissenschaftsforschung an der Universität zu Lübeck sowie außerplanmäßige Professorin am Institut für Philosophie und Kunstwissenschaft an der Leuphana Universität Lüneburg

Christoph Seibert, Dr. theol. habil., Professor für Systematische Theologie mit den Schwerpunkten Ethik und Religionsphilosophie an der Universität Hamburg

© Springer Fachmedien Wiesbaden GmbH, ein Teil von Springer Nature 2018   137
S. Jäger und J.-D. Strub (Hrsg.), *Gerechter Frieden als politisch-ethisches Leitbild*, Gerechter Frieden, https://doi.org/10.1007/978-3-658-21757-0

Jean-Daniel Strub, Dr. theol., selbständiger Ethiker als Mitgründer und Geschäftsführer von EthiX – Lab für Innovationsethik sowie als Mitgründer und Gesellschafter des Büros Brauer & Strub | Medizin Ethik Politik in Zürich

Tobias Zeeb, Dipl. theol., Promotionsstipendiat im Rahmen des Projektes „Orientierungswissen zum gerechten Frieden", Promotionsprojekt zur Verantwortung bei Emmanuel Levinas im Lichte der Theologie

Printed in the United States
By Bookmasters